KB035976

중국의 사회보장과 의료

변화하는 사회와 증가하는 리스크

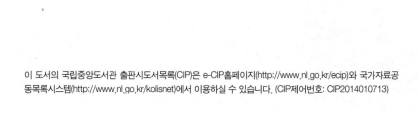

이 도서의 국립중앙도서관 출판시도서목록(CIP)은 e-CIP홈페이지(http://www.nl.go.kr/ecip)와 국가자료공동목록시스템(http://www.nl.go.kr/kolisnet)에서 이용하실 수 있습니다. (CIP제어번호: CIP2014010713)

총 서
중 국 의
연 구 쟁 점

6

중국의
사회보장과 의료
변화하는 사회와 증가하는 리스크

이이지마 와타루·사와다 유카리 지음
이용빈 옮김

한울
아카데미

Series Chugoku teki mondaigun, 12 vols.
Vol. 10, TAKAMARU SEIKATSU RISUKU: SHAKAI HOSHO TO IRYO
by Wataru Iijima and Yukari Sawada

ⓒ 2010 by Wataru Iijima and Yukari Sawada

First published 2010 by Iwanami Shoten, Publisehrs, Tokyo.
This Korean language edition published 2014 by Hanul Publishing Group, Paju
by arrangement with the proprietor c/o Iwanami Shoten, Publishers, Tokyo.

이 책의 한국어판 저작권은 Iwanami Shoten, Publishers와의 독점계약으로
도서출판 한울에 있습니다.
저작권법에 의해 보호를 받는 저작물이므로 무단 전재와 무단 복제를 금합니다.

한국어판 서문

'중국은 어디를 향해 가고 있는가?' 이것은 우리가 항상 관심을 갖고 있는 질문이라고 할 수 있을 것이다. 이 질문과 관련해 다양한 문제가 떠오른다. 가까운 장래에 중국은 미국과 어깨를 나란히 하는 강대국이 될 것인가, 아니면 환경문제 등의 다양한 현안을 잘 처리하지 못하고 결국 심각한 혼란에 빠지게 될 것인가? 이러한 가운데 이 책은 현대 중국이 직면한 많은 과제 중에서, 보통 사람(서민庶民이라는 표현을 중국어로는 라오바이싱老百姓이라고 부른다)의 삶 속에서 무엇보다 깊은 관련을 맺고 있는 사회보장과 의료를 중심으로 논한 것이다.

이 책의 공저자가 생활하는 일본은 중국의 존재 형태로부터 커다란 영향을 받는 사회 중 하나이다. 그것이 이 책을 집필하게 된 배경이다. 우리의 공저가 한국어로 번역되는 것도, 한국이 일본과 마찬가지로 중국의 존재 형태에 막대한 영향을 받고 있으며, 또한 모두가 '중국은 어디를 향해 가고 있는가'에 지대한 관심을 갖고 있기 때문이라고 해도 틀림이 없을 것이다.

중국의 사회보장과 의료의 존재 양식을 역사 속에서 확인하고 그 추이를 논하는 것이 이 책의 내용이다. 독자들은 이 책을 통해 20세기를 중심으로 한 약 100년의 역사 속에서 벌어진 왕조의 붕괴, 일본과의 전쟁, 사회주의화, 그리고 1980년대 이후의 개혁·개방정책이 중국의 사회보장과 의료에 커다란 영향을 미쳐왔음을 이해할 수 있을 것이다. 그리고 중국인은 그러한 역사의 거대한 물결 속에서 안락한 삶을 영위하고자, 그리고 즐거운 생활을 보내고자 하는 바람을 마음속에 품으면서 조금씩 발걸음을 앞으로 내딛어왔다는 것도 이해할 수 있을 것으로 본다.

이 책은 '강대국화'나 '국가 이익'이라는 거시적인 측면에서 논의되는 일이 많은 중국의 존재 형태를 서민의 생활이라는 측면에서 살펴본 것이다. 이 책을 통해 중국에도 우리와 같은 고뇌를 경험하고 있는 사람들이 살고 있다는 것을 독자들께서 부디 이해하고 인식해주기를 바란다.

또한 이 책을 집필했던 2008년부터 2009년에 걸쳐 중국은 '조화로운 사회和諧社會'를 표방하는 후진타오胡錦濤·원자바오溫家寶 체제 아래에서 복지와 의료의 개혁을 가속화했다. 그 결과, 지금은 중국 농촌에서도 의료보험이 확대되고 일부 지방에서는 농촌 호적과 도시 호적의 통합이 실현되었다. 그러나 동시에 '저출산·고령화'가 급속하게 진전되어, 가족에 의한 생활보장은 흔들리고 있다.

이러한 고뇌는 한국이나 일본도 모두 공유하고 있다. 이제까지 복지와 의료에 대해서는 북유럽과 서유럽을 모델로 하는 연구나 사업이 많았지만, 조금씩 동아시아 지역을 대상으로 한 비교 분석이 증가하고 있다. '중국은 어디를 향해 가고 있는가'라는 질문은, 바꿔 말하자면 '우리는 어디를 향해 가고 있는가'라는 물음에 새롭게 초점을 맞춰 천착해가는 것이라고 생각한다.

마지막으로 이 책을 읽기 쉽도록 한국어로 옮기는 작업을 해주신 이용빈 연구원에게도 감사의 말씀을 전해드린다. 아울러 이 책이 독자들의 중국에 대한 관심에 실마리를 제공하고 중국에 대한 이해가 깊어지는 것에 조금이라도 도움이 될 수 있다면, 이는 이 책의 공저자로서 더할 나위 없는 기쁨이 될 것이다.

2014년 3월
이이지마 아타루·사와다 유카리

머리말

개혁 · 개방과 사회보장

중국 사회는 현재 몇 가지 측면에서 커다란 갈림길에 서 있다. 그것을 단적으로 보여주는 것이 이제부터 소개하는 사회보장과 의료를 둘러싼 다양한 문제이다.

1949년 중화인민공화국이 성립한 지 60년이 지났다. 전반의 30년간은 동서냉전이나 중소대립과 같은 거시적인 상황과 한국전쟁·베트남전쟁의 가운데에서 사회주의가 추구된 이른바 '정치의 시대'였다. 그것을 이끌었던 것은 항일전쟁에 나서고 국민당과의 내전에서 승리하여 새로운 국가를 수립한 중국공산당의 지도자 마오쩌둥毛澤東[1]이었다. 후반의 30년간 중국공산당은 개혁·개방으로 그 정책을 크게 전환하여 미국과 일본, 나아가 한국 등과의 관계를 강화하면서 정치적으로는 사회주의의 간판을 내리지 않고 시장경제화를 추진했다. 이 시대는 실로 '경제의 시대'였다(加藤弘之·久保亨, 2009). 정책의 전환을 추진했던 것은 같은 중국

---

1   마오쩌둥(1893~1976)은 후난성(湖南省) 샹탄현(湘潭縣)에서 태어나 중국공산당의 지도자로서 항일전쟁, 국민당과의 내전에서 싸우고, 중화인민공화국 중앙인민정부 주석이 되었다. 대약진과 문화대혁명 등 급진적인 사회주의화를 추진했다.

공산당의 지도자이자 노선의 차이로 마오쩌둥에 의해 실각되었던 덩샤오핑鄧小平[2]이다. 이 60년이라는 기간에 중국의 발걸음은 그 진폭이 대단히 컸다.

덩샤오핑 아래에서 정책을 추진한 것은 후야오방胡耀邦(1981년 당 중앙주석, 후에 총서기)[3]과 자오쯔양趙紫陽(1980년 국무원 총리)[4]이었다. 덩샤오핑과 후야오방, 자오쯔양 세 지도자의 '트로이카 체제' 아래, 농촌에서의 인민공사人民公社 해체와 농가경영청부제農家經營請負制 도입, 기업 자주권 확대, 외자도입, 개인 경영 공인 등의 개혁이 추진되었다.

그러나 후야오방은 1986년 12월 중국과학기술대학(하페이合肥 소재)에서 시작된 학생운동에 강하게 대응하지 않았다는 이유로 보수파로부

---

2 덩샤오핑(1904~1997)은 쓰촨성(四川省) 광안현(廣安縣)에서 태어나 '근공검학(勤工儉學)'으로 프랑스에서 유학했으며, 항일전쟁과 국공내전에 참여했으며, 당 중앙 총서기가 되었지만, 문화대혁명으로 실각했다. 마오쩌둥이 죽고 4인방이 실각한 뒤 부활해 1978년 12월에 개최된 제11기 3중전회에서 개혁·개방 노선으로 정책을 전환했다.

3 후야오방(1915~1989)은 후난성(湖南省) 류양현(瀏陽縣)에서 태어나 장정에 참가했다. 문화대혁명 시기에 후베이성(湖北省)으로 하방되었다. 당 중앙비서장 등을 거쳐 1980년에 총서기가 되고, 덩샤오핑의 후계자가 되었다. 그러나 학생운동에 대한 대응을 둘러싸고 보수파에게 비판을 받아 1987년 1월 총서기를 사임했다.

4 자오쯔양(1919~2005)은 허난성(河南省) 화현(滑縣)에서 태어나 광둥성(廣東省) 당서기를 맡았으나 문화대혁명 때 실각했다. 이후 몽골자치구, 광둥성 당서기로 부활했다. 1975년부터 1980년까지 쓰촨성 당서기로서 농민에게 경영 자주권을 인정하는 정책을 시행했다. 1980년 화궈펑(華國鋒)을 대신해 국무원 총리가 되고, 후야오방의 실각으로 총서기 대행이 되었는데, 천안문사건 때 학생 측을 옹호했다가 해임되었다.

터 비판을 받고 1987년 1월에 총서기를 사임했다. 개혁·개방정책을 추진하기 시작한 지 거의 10년이 되는 해인 1989년에 후야오방 전 총서기가 사망하자, 그를 추모하는 집회를 계기로 관료의 부패를 비판하는 것 등을 원인으로 하는 민주화 운동이 일어났다.

학생을 중심으로 한 운동은 이후, 이를 애국적·민주적인 것으로 보고 대화를 통해 해결할 것을 주장한 자오쯔양 총서기와, 고르바초프 정권 아래 소련의 동요를 심각하게 받아들이고 강경 자세를 취한 덩샤오핑 및 리펑李鵬 간의 대립이 명확해지는 가운데, 중국공산당 내의 노선 대립으로 발전했다. 베이징에서는 계엄령이 선포되고(5월 20일), 학생운동 측에서도 혼란을 보이자 1989년 6월 3일 미명부터 4일에 중국인민해방군이 무력으로 천안문광장에 모여 있던 학생과 젊은이를 제거했다. 유혈 사태는 천안문광장 외에 다른 곳에서도 일어나 매우 심각했다(천안문사건).

천안문사건에 대한 국제적인 비판에 의해 중국과 구미, 일본의 관계는 일시적으로 냉각되고, 외자도입이나 기술이전을 기초로 추진되던 개혁·개방정책도 좌절되는 것으로 보였다. 그러나 1992년 1월 덩샤오핑의 남순강화南巡講話5를 계기로 중국공산당은 더욱 개방적인 경제정책을 추진하게 되었다. 구미와 일본도 시장으로서, 더 나아가 생산기지로서 중국을 원하고 있던 것과 맞물려, 1990년대에 중국은 급속한 경제발전

---

5 1992년 1월부터 2월, 덩샤오핑은 후베이성 우창(武昌), 광둥성 선전(深圳)·주하이 (珠海), 상하이를 시찰하고, 개혁·개방을 진전시켰다. 같은 해 가을의 제14차 당대회에서 사회주의 시장경제가 공인되어 상하이 푸둥(浦東) 개발이 촉진되었다.

을 달성했다. 그 결과로 중국은 다양한 측면에서 그 입지를 확대하고 강대국으로서의 지위를 확고히 하면서 '세계의 공장'으로서 그 존재감을 유감없이 발휘하고 있다.

2008년에 열린 베이징 올림픽은 이러한 개혁·개방정책의 성과가 결실을 맺은 것이었다. 그러나 민족 문제나 도시와 농촌, 연해안과 내륙, 계층 간 격차는 개혁·개방정책 아래에서 뚜렷하게 확대되어, 중국 사회가 많은 문제를 안고 있는 것도 사실이다. 이 가운데 이 책이 대상으로 하는 사회보장과 의료를 둘러싼 문제는 중국공산당의 통치를 뒤흔드는 심각한 문제가 되고 있다.

중국 사회가 직면한 사회보장과 의료를 둘러싼 문제는 개혁·개방정책과 급속한 경제발전의 대가이기도 했다. 여기에는 중국이 일본과 마찬가지로 저출산·고령화 사회로의 길을 급속하게 걷고 있다는 배경이 있다. 이 때문에 연금이나 의료보험 등 사회보장을 위한 비용을 노동인구가 모두 부담할 수 없는 구조적인 문제가 등장하고 있다.

중국에서는 거대한 인구규모가 문제가 되어, 20세기 말에는 '한 자녀정책'의 전개에 따라 인구의 억제가 이루어졌다. 그러나 그 결과 인구구성이 불균형해져, 2030년대 중반에는 인구의 감소 국면에 들어가게 될 것으로 예상된다. 이는 동시에 고령화가 빠르게 진행되고 있다는 것이기도 하다.

이 책에서 다루는 사회보장은 고용이나 연금, 의료 등 모든 이의 생활에 직결된 것이다. 중국은 사회주의화를 추진하면서 공산당 통치의 정당성을 보여주고자 사회보장제도의 정비를 추진했다. 그러나 시장경제화 시기에 추진된 개혁·개방의 시대에 제도는 크게 변화했다. 또한 사회보장과 의료를 둘러싼 문제는 공공성과 관련된 문제이다. 일본에서도 마찬가지인데, 현재 그것은 크게 동요하고 있다. 이 책은 중국의 사회보장과 의료가 안고 있는 문제를 총체적으로 소개하고, 그 특징을 20세기 약 100년간의 장기적인 시간 축에서 커다란 변화 가운데 동요하는 구체적 실상 속에서 규명하는 것을 과제로 삼고자 한다.

의료제도의 구축과 재편

여기에서는 사회보장의 핵심 중 한 가지인 의료제도의 사례를 소개하고, 이 책의 전망을 독자에게 제시하고자 한다.

중국 사회주의는 의료제도 측면에서 대단히 큰 성과를 올렸다. 1978년 세계보건기구WHO와 유엔아동기금UNICEF의 140개국 대표가 출석한 알마아타 회의[6]에서는 수십억 명에 달하는 사람들이 기본적인 의료나 보건 서비스를 받지 못하고 있는 상황을 개선하여 '2000년까지 모든 사람에게 건강을'을 목표로 한 「알마아타 선언」을 채택했다. 거기에서 제도 구축의 모델이 된 것은 사회주의 중국의 의료제도였다.

20세기 중반에 중국은 일본과 벌인 장기간의 전쟁, 나아가 중국국민당과의 내전에 승리하여 성립한 중화인민공화국이라는 새로운 국가가 처한 상황은 사회보장과 의료의 측면에서 대단히 심각했다. 실제로 중국에는 20세기 중반까지 사회보장제도로 볼 만한 것이 거의 없었다. 또

---

6   알마아타(Alma Ata)는 카자흐스탄공화국의 옛 수도다.

한 의료 측면에서도 전염병의 유행, 높은 유아사망률, 낮은 평균수명 등에 직면한 현실을 보여주었다.

전통의학(중국의학)의 존재로 상징되는 바와 같이, 중국은 예로부터 건강과 양생, 병환의 치료에 관한 지식과 경험을 풍부하게 축적해온 사회 가운데 하나이다. 그러나 고도로 발달한 중국의학도 그 보급, 다시 말해 사회화의 측면에서는 문제를 안고 있었다. 즉, 민중에게 보편적인 의료 서비스가 제공되는 것은 거의 요원한 사회였다. 그 이유는 역사에서 찾아야 하므로 여기에서 상세히 논하지는 않겠다.

천가오융陳高傭의『중국 역대 천재·인화표中國歷代天災人禍表』(1939/1986)라는 책이 있다. 이 책은 역대 왕조 시기의 '천재天災'를 수재·가뭄·기타로, '인화人禍'를 내란·외환·기타로 구분하여 연표로 만든 것이다. '천재'에는 그 밖에 서리, 태풍, 메뚜기로 인한 피해(황해蝗害) 등이 있다. 중국 대륙은 광대한 면적에 비해 경작할 수 있는 토지가 그다지 넓지는 않고, 냉엄한 자연조건으로 말미암아 다양한 재해가 일어났다. 연표에는 '천재'의 기타 항목에 역병이 실려 있다. 19세기까지 중국에서는 다양한 전염병이 유행했다. 다른 지역과 마찬가지로 급성전염병은 중요한 사망 원인이었고, 천연두나 적리赤痢,[7] 19세기 이후에는 인도에서 전파된 콜레라[8]도 맹위를 떨쳤다. 20세기가 되자 연해안을 중심으로 공업화가 진

---

7   적리는 유행성 또는 급성으로 발병하는 소화기 계통의 전염병으로서 혈액이 섞인 설사를 동반한다. _옮긴이 주

8   인도의 풍토병이었던 콜레라는 1817년 대유행하여 동남아시아에서 동아시아, 다시 중동에서 유럽으로도 전파되었다. 중국에서 최초의 유행은 1820년(원저우, 닝

전되고 그 결과 결핵 등 만성전염병도 유행했다(飯島涉, 2000: 補論).

중국의 새로운 국가는 이러한 전염병을 억제하기 위해 의료 서비스를 제공하고 공중위생제도를 구축하고자 했다. 중국공산당은 20세기 전반부터 청조 정부나 국민당 정부가 추진했던 의료·위생사업을 계승하여 공중위생과 예방의학의 기초가 되는 서양의학을 도입하면서 어려운 상황을 극복했다. 그 특징은 '중서의中西醫 결합(중국의학과 서양의학의 관계 강화)'으로 표현된다. 그리고 막대한 인구를 보유한 농촌에 의료 서비스를 보급하고자 의학교육 과정을 복선화하고, 농촌 의료를 담당하는 위생원을 대량으로 양성했다. 문화대혁명 시기에 위생원은 '맨발의 의사(중국어로는 츠자오이성赤脚醫生)'로 불렸으며, 중국 사회주의의 상징 중 하나가 되었다.

이렇게 중국공산당은 도시뿐 아니라 농촌까지 광범위하게 포괄하는 의료·공중위생제도를 구축했다. 의료비에 대해서도 국가공무원에게는 공비의료, 도시의 노동자에게는 노동보험의료, 농민에게는 합작의료라는 형태로 거의 대부분을 포괄하는 의료보험제도를 도입했다.

20세기 전반에 '동방의 환자東方病夫'9라는 표현으로 각종 전염병 유행과 열악한 위생 조건을 자주 비난받던 중국의 상황은 크게 변화했다. 의

보)의 일로, 이는 이후 20세기 중엽까지 이어졌다.

9 '동아시아의 환자(東亞病夫)'라고도 표현되었다. 이 용어는 20세기 초반 중국 사회의 실정, 즉 내전 등에 따른 정치적 불안정, 빈곤 등에 의한 국력의 쇠퇴를 나타내는 말인 동시에 실제로 콜레라 등의 전염병이 자주 유행하는 상황을 표현하는 말이기도 했다.

료·위생제도를 지탱하는 의사와 간호사의 양성, 의료보험, 의약품 공급 등 기본적인 체제를 확립한 것, 즉 의료·위생사업의 제도화는 중국 사회 주의의 큰 성과이며, 중국공산당 통치의 정당성을 담보하는 것이었다.

그러나 1980년대 개혁·개방정책이 도입되자 중국의 의료제도는 크게 변화했다. 그중에서도 결정적인 것은 의료보험을 지탱해온 도시의 국영 기업이나 정부기관('단위單位'[10]라고 불렀다)과 농촌의 인민공사가 해체된 것이다.

타다 히데노리田多英範에 따르면, 사회보장제도란 부의 재분배를 수반 하는 안전망safety network이다. 중국 사회주의는 계획경제하의 1차 분배 (노동의 대가로서 임금)로 생활의 안정을 보장했는데, 노동에 한 차례도 참가한 바 없는 사람들(아동이나 중증 장애인 등)은 이 안전망으로부터 배제되어 있었기 때문에 실제로는 가족의 부양과 결합한 제도였다. 그 렇지만 시장경제의 도입과 계획경제의 후퇴는 1차 분배에 의한 안정 장 치를 파괴하고, 결국 가족이 생활 리스크로 내몰리게 되는 결과를 초래 했다. 단위나 인민공사가 지탱해온 사회보장과 의료는 사실상 붕괴되 고, 시장원리가 노골적인 형태로 가족을 향하게 되어 다양한 문제가 분 출하게 되었다.

의료 서비스는 기본적으로 시장원리에 따라 제공되는 것이 되었다. 과거에는 개도국의 의료제도 구축에 모델이 되었던 중국은, 2000년 세

---

10 '단위(單位)' 사회는 중국 사회주의를 상징하는 것이며, 1980년대까지는 처음 보는 사람에게 '단위는 어디인가' 하고 묻는 것이 보편적으로 행해졌다. 그리고 어떤 단 위에 소속해 있는지가 사실상 의료, 교육, 연금 등의 급부 내용과 질을 결정했다.

계보건기구의 보고에 따르면, 의료나 위생을 위한 자원 재분배상의 불공평에서 조사 대상 191개국(지역) 가운데 예상 외로 188위까지 추락해 버렸다. 어떤 조사에 따르면, 빈곤한 농촌에서 병에 걸려도 입원 환자가 경제적 이유로 퇴원을 희망하는 상황이 오늘날 중국의 의료를 둘러싼 현실인 것이다(張建平, 2006: 3).

물론 사회주의화 시기의 사회보장과 의료에 문제가 많지 않았던 것은 아니다. 사회주의사회의 공통된 폐해라고도 할 수 있는 이른바 '철 밥그릇鐵飯碗'[11]의 비효율성은 큰 문제였다. 또한 농촌의 의료를 지탱해온 위생원의 의학적 수준은 높다고 할 수 없었다. 그런 의미에서 어떤 형태로든 개편은 불가피했다.

시장원리하에서 의료를 둘러싼 심각한 문제로서 가장 중요한 의미가 있는 것은 불평등, 즉 의료보험제도의 붕괴로 충분한 의료 서비스를 받을 수 있는 것이 일부 부유층에게 한정된다는 문제이다. 인민공사가 해체되어 의료보험제도를 지탱하는 단위가 없어져 버린 농촌의 상황은 더욱 심각하며, 수많은 농민이 무보험 상태에 놓이게 되었다. 중국에서 시장원리는 복지국가적인 경험을 전제로 한 서유럽과 일본의 그것에 비해 고전적인 양상을 보이고 있다. 중국공산당이 이러한 사태를 인식하지 못하는 것은 아니다. 특히 2002년 11월에 개최된 제16차 당대회 이래 '삼농문제三農問題'[12]는 최대의 과제가 되었다.

---

11 깨질 일이 없는 철로 된 그릇으로 밥을 먹는 것처럼 생계가 끊기지 않는 직업을 가리킨다. 일본어 '오야가타히노마루(親方日の丸)'('우리 두목이 국가이다' — 옮긴이 주)'가 이에 해당한다.

현재 중국 농촌에서는 합작의료제도의 재구축이 한창이다. 이는 당초에 일부 시범 농촌이나 대도시 교외의 경제력 있는 농촌에서부터 추진되었다. 그러나 제도의 대상이 된 것은 농촌의 20% 미만이고, 실제로 참가한 농민의 수도 전체의 겨우 10% 정도에 그쳐 농민의 거의 90%는 병에 걸렸을 때 치료비를 모두 스스로 내야 하는 상황이었다. 이는 중국이 지향하는 '조화로운 사회和諧社會'의 실현에 가장 큰 장애가 되는 것 중 하나이다. 그 때문에 최근 들어 급속한 시책이 행해져 합작의료제도 참가자 비율은 꽤 높아지고 있다. 그렇지만 합작의료 참가율이 높아져도 실제로 보상해주는 액수가 적은 점(상한이 낮다)이나 해당 지역 병원이 아니면 보험을 사용할 수 없는 점 등 문제는 여전히 많다.

의료제도의 문제점이 드러나는 가운데, 2003년에는 광둥성廣東省을 감염원으로 하는 신형 전염병인 사스SARS[13]가 유행했다. 사스는 중국 각지에서 유행하고 이후 홍콩 등에서의 유행을 거쳐 전 세계로 퍼졌다. 다행스러운 것은 사스에 감염된 환자 수가 전 세계적으로 8,000명에 못 미쳤고 사망자 수도 800명이 채 되지 않았다는 것이다. 사스는 HIV나 결핵, 나아가 말라리아 등 연간 100만 명 단위로 사망자를 내는 전염병과

---

12 '삼농문제'란 농업, 농촌, 농민을 둘러싼 다양한 문제군을 가리킨다. 그러나 문제를 조감해보면, 중국 전체 산업에서 차지하는 농업의 중요성, 그것을 지탱하는 지역 사회로서의 농촌, 마지막으로 농민 개개인이 직면한 문제로 이해된다. 즉, 삼농문제는 농민 개개인의 생활이라는 시각에서 논의되는 것은 아니며, 어디까지나 중앙 정부의 정책과제인 것이다.

13 SARS는 'Severe Acute Respiratory Syndrome'의 약칭이다. 중증 급성 호흡기 증후군, 중국어로는 '비전형폐렴(非典型肺炎)', '페이뎬(非典)'으로 약칭된다.

비교하면 환자나 사망자 수가 결코 많지 않았다. 그러나 당초 그 원인이 불명이었던 점도 있어서 심리적 영향은 컸다. 또한 사스의 발생 이후 중국과 국제사회 및 세계보건기구 간의 관계, 세계보건기구에 타이완이 가입되어 있지 않는(가입할 수 없는) 문제 등, 중국과 세계가 사스라는 '21세기 전염병'으로부터 배운 것은 적지 않았다고 할 수 있다. 사실 중국 정부는 사스 이후에는 전염병 대책을 지렛대로 삼아 지역사회의 재편을 추진하고 있다.

이 책의 과제

사회보장과 의료를 둘러싼 문제는 오늘날 중국이 직면한 사회·국가·시장의 트라이앵글이 갖고 있는 문제나 중국과 국제사회의 관계를 가장 잘 보여주는 문제이다. 개혁·개방정책의 도입은 중국에 경제발전을 가져왔지만, 동시에 시장경제의 활용에 따른 기업연금과 상업보험의 확대, 커뮤니티 기반의 복지 서비스 확대에 의해 사회보장 측면에서 지역격차도 큰 문제가 되고 있다. 그리고 사람들은 그것에 많은 영향을 받으면서 하루하루 삶을 보내고 있다.

사회보장과 의료를 둘러싼 문제는 연금 문제의 폭주로 상징되는 바와 같이 오늘날 일본 사회가 직면한 문제이기도 하다. 그러나 그것에 공통점이 있는 반면, 전제가 완전히 다른 경우도 있다. 그런데 중국의 사회보장을 둘러싼 문제는 거대한 인구규모 때문에 일본과 동아시아, 또한 세계에 큰 영향을 줄 가능성이 높다.

이 책에서는 사회보장과 의료를 둘러싼 다양한 문제를 우선 그 제도 구축의 역사를 돌아보고, 개혁·개방정책의 도입 속에서 동요하고 있는 중국의 사회보장과 의료의 현재를 검토하며, 21세기인 현재 20세기 중국의 도달점과 문제점을 제시하고자 한다.

차례

제1장

중국 사회와 의료 및 위생

'작은 정부'

역사 속의 의료와 위생

삶과 죽음은 어느 시대에나 인간에게 큰 관심사이다. 사람은 인생을 안전하고 건강하게 살며, 그것을 길고 즐겁게 영위하기를 바란다. 현대 사회의 큰 특징 중의 한 가지는 그러한 인간의 영위에 국가와 사회가 크게 관계하고, 삶과 죽음을 둘러싼 다양한 장면에 정부가 개입하고 있다는 것이다. 그렇지만 이는 19세기 무렵부터 점차 일반화된 것이며, 그 이전에는 병의 치료가 어디까지나 개인의 생활, 즉 사적 영역에 관계된 일이었다.

병에 걸렸을 때 의사에게 갈 것인지, 혹은 주술 등에 의지할 것인지, 그렇지 않으면 아무것도 하지 않고 자연스럽게 치유되기를 기다릴 것인지 등을 선택하는 것은 사람들의 생활 속에서 때로 비용 부담과 관련된 것이었다. 또한 비용을 부담할 수 있다고 해도 가깝고 적절한 의료 서비스 제공자가 없다면 치료를 받을 수 없다. 그런 의미에서 의료는 의사와 의료기술의 발달에 좌우되는 것인 동시에 그것을 사람들에게 제공하기 위한 제도와 깊은 관련이 있다.

중국의학의 전통으로 상징되는 바와 같이, 중국은 예로부터 의료와 위생, 또는 양생에 관한 지식과 경험을 체계화하여, 그것이 생활에 도움이 되도록 해온 사회이다. 중국의학은 『황제내경皇帝內經』,[1] 『신농본초경神農本草經』, 『상한론傷寒論』 등의 고전이 형성되면서 긴 시간에 걸쳐 체계화되어, 생리학과 병리학 등의 기초의학으로서의 '의경醫經'과 약물학으로서의 '본초本草' 등 다양한 측면을 갖게 되었다. 또한 중국의학은 일본, 조선, 베트남 등의 한자문화권에 큰 영향을 미쳤다. 일본에서는 에도 시대 네덜란드를 거쳐 들어온 의학인 난방蘭方과 대비하여 한방漢方으로 불렸고, 메이지 시기 이후에는 침구鍼灸도 포함하여 동양의학이라 불리게 되었다.[2] 주변 지역에서의 독자적 전개(예를 들면, 한국의 '한의학韓醫學' 성립 등)도 포함하여, 중국의학은 고도로 발달한 전통의학으로서 큰 역할을 수행해왔다. 그러나 19세기 이후 서양의학이 본격적으

---

1   『황제내경』은 전한(前漢) 시기에 편찬된 것으로 알려진다. 이후 소실되어 당나라 시기에 왕빙(王冰)이 '소문(素問)'과 '영구(靈樞)'를 편찬하고, 현재에 전해진다. 황제(黃帝)가 기백(岐伯) 등의 몇 명의 학자에게 일상의 의문을 묻는다 하여 '소문'으로 불렸고, 문답 형식으로 기술되어 있다. '영구'는 침경(鍼經)의 별칭으로 실천적 내용이 기술되어 있다.

2   중국어로는 '중의학(中醫學)'으로 불린다. 또한 이 용어가 정착된 것은 중화인민공화국 시기로, 중화민국 시기에는 '국의학(國醫學)' 등으로 불렸다. 현재 영어로 번역할 때는 세계보건기구(WHO)의 전통의학 프로그램과 관련해 TCM(Traditional Chinese Medicine)이라는 용어가 주로 사용된다.

로 도입되면서, 뒤에서 논하게 되는 바와 같이 중국의학의 지위는 각지에서도 동요했다.

20세기 초, 중국에서 의사(중국의학의 의사)의 수는 80만 명 정도로 추정된다. 이 숫자를 평가하기는 어렵지만, 오늘날 의사 수를 비교할 때 흔히 사용되는 인구 10만 명당 의사 수와 같이 말하자면, 당시 인구를 약 4억 명으로 보아도 인구 200명당 1명의 의사가 있었던 것이 된다. 이는 수치상 현재 일본의 의사 수와 거의 같은 것이다. 그러나 중국의학이 사회에 널리 퍼져 있었다고 말하기는 어렵다. 의사는 시진市鎭이라고 불린 도시에 편재해 있으며, 민중이 보통의 의료 서비스의 혜택을 충분하게 받았다고 생각하기 어렵기 때문이다. 즉, 중국의학은 성숙한 체계를 축적했지만, 그 사회화의 측면에서는 큰 문제를 안고 있었다. 의료를 광범위하게 제공하는 틀로서의 병원, 지식과 경험을 제도적으로 계승하는 틀로서의 학교의 정비가 늦어진 것도 그 원인 중 하나이다.

사회사업으로서의 의료

19세기는 기초의학으로서의 병리학과 세균학 등의 발달과 동시에 의료를 뒷받침하는 다양한 제도가 확립된 시대이다. 즉, 공중위생제도의 확립, 병원의 보급, 의사와 간호사 양성을 위한 학교의 정비와 의약품 공급체제의 확립 등이 이루어졌다. 이것을 의료와 위생의 제도화라고 부른다. 여기에는 상당한 자금이 필요하므로 정부의 역할이 점차 커졌다. 예를 들면, 19세기 중반 이래 영국과 프랑스 등의 서유럽에서는 콜레라 대책의 일환으로 대규모 도시계획과 수도사업의 정비가 진행되었다. 그 중심이 된 것이 정부였다. 이처럼 정부가 의료와 위생의 제도화에 적극적으로 관여하는 체제를 '국가의료state medicine'[3]라고 부른다.

근대국가는 의료 및 위생사업을 징세의 대가로서의 서비스로 설정하고 그것을 국민에게 제공하는 제도를 확립했다. 이러한 움직임은 서유럽에서 시작되어 이후 일본 등에서도 그러한 제도 개혁이 추진되었다. 이러한 의료 및 위생의 제도화는 근대화의 한 측면이다. 그리고 서양의학은 세계를 석권하고 세계화했다.[4]

중국 사회에서 의료 및 위생사업과 사회복지를 담당했던 것이 선당善堂이라고 불리는 민간단체였다.[5] 이를 위한 자금은 유력한 지주와 상인이 낸 돈으로 충당하는 일이 많았다. 이러한 유력자는 유교적 교양을 몸에 익히고 과거시험에 합격했거나 그 예비군인 이로서 향신鄕紳 또는 상신商紳 등으로 불렸다. 그들은 이러한 선행(혹은 의거義擧)에 참여함으로써 사회적 지위를 확립했다. 이와 같이 지역 유력자가 정부를 대신해 사회사업을 담당했던 것이 중국 사회의 큰 특징이다(田中比呂志, 2009).

14세기 이후 명·청 시기의 사회와 현대사회 사이의 연속성은 대단히

---

3   의료와 위생의 제도화의 존재 형태는 국가마다 다르다. 교회 등의 자선사업이 중요한 역할을 수행한 경우도 있다.
4   의료 및 위생의 제도화는 구미 국가들이 식민지로 삼았던 지역에서도 진전되었다. 여러 감염증에 대한 연구는 식민지에서 진행되었다. 이것을 '식민지의학(colonial medicine)'이라고 부르며, 이것을 행정화한 의료제도를 '제국의료(imperial medicine)'라고 부른다. 서양의학의 세계화에 기여한 식민주의의 역할은 결정적이었다. 동아시아, 특히 일본의 역할에 관해서는 飯島渉(2009)를 참조하기 바란다.
5   이러한 단체는 동업단체, 동향단체와 함께 자연재해와 기근 등이 일어나면 사람들의 구제, 즉 선행(혹은 의거)에 앞장섰다(星斌夫, 1985).

강한 것으로 보인다. 즉, 현대 중국이 지닌 다양한 문제는 전통 중국, 즉 명·청 시기 중국에 배태되어 있었다(村田雄二郎, 2009). 이 가운데 청조 정부는 만주인에 의한 정복 왕조였기 때문에 대다수를 점하는 한인漢人이 형성해온 지역사회(기층사회)에 개입하는 것을 피하는 경향이 있었다. 이것은 이민족에 의한 정복 왕조에 대한 반발을 무마하기 위한 것이었는데, 이와 더불어 거기에는 통치의 비용을 낮추고자 하는 의미도 있었다. 그 결과 청조 정부는 향신 등 지역 유력자에게 지역 질서 유지를 위임하게 되었다. 이는 오늘날의 표현으로 말하자면 '작은 정부'에 해당한다.

선페스트와 청조의 의료 · 위생 개혁

선페스트의 충격

19세기 중국 사회에서는 정치와 사회가 어느 정도의 거리를 유지하면서 존재했다. 그러나 20세기 초가 되자 중국도 유럽과 일본의 국가 의료제도를 도입했다.[6] 그 계기가 된 것은 19세기 말부터 20세기 초, 선腺페스트(한국에서는 '가래톳 페스트'로도 불린다 — 옮긴이 주)[7]가 유행한 것

---

6   이 장에서 소개하는 사실 경과 등은 飯島渉(2000)에서 상세하게 검토하고 있다. 이 장은 현대 중국의 의료 및 위생 사정을 장기적인 시간 축에서 이해하기 위해 20세기 초 의료 및 위생의 제도화 과정을 정리한 것이다.
7   선페스트는 페스트균에 의해 발생하는 감염증이다. 감염증의 역사학 고전인 윌리

동화의원은 홍콩의 중국인 유력자가 설립한 단체로 선페스트 대책에서도 중요한 역할을 했다. 홍콩 정청(政廳)은 사회사업에 대한 재정지출을 일관되게 억제했기 때문에 동화의원은 의료뿐 아니라 교육 등 사회사업 전반에서 큰 역할을 계속해서 수행했다. 사진은 동화의원의 하나인, 홍콩 주룽(九龍)에 있는 광화의원(廣華醫院)이다.

자료: Wikipedia.

이었다.

선페스트는 무엇보다 윈난雲南에서 기원한 감염증으로, 한인의 윈난 개발에 따른 환경 변화와 중국산 아편 교역 등 상품 유통의 확대에 따라 19세기 후반에는 광둥성의 넓은 지역에서 발생했다(Benedict, 1996).

1894년 광둥성의 성도인 광저우廣州에서 홍콩으로 선페스트가 확산되자, 홍콩에서는 중국인 노동자를 중심으로 많은 사망자가 발생했다. 이때 홍콩에서의 선페스트 대책을 담당했던 것은 자선단체인 동화의원東華醫院이다. 또한 선페스트는 이후 상하이上海, 톈진天津, 잉커우營口 등 중국 연해안 지역, 또는 타이완, 일본 등 동아시아, 나아가 하와이와 북미 지역으로 동진하여, 아프리카로 서진했다. 19세기 말에 선페스트는 홍콩에서 유행한 것을 계기로 세계화한 것이다(飯島涉, 2000: 第1章).[8]

엄 맥닐의 『전염병의 세계사(Epidemics and History)』에서는 윈난에서 기원한 선페스트가 몽골제국에 의해 중세 유럽으로 퍼졌다는 대담한 세계사를 폈다. 다만 이후의 연구에서는 중세 유럽의 선페스트가 중동에서 기원했다는 설이 유력하다.

나가사키長崎를 창구로 '네덜란드의학(난방)'을 도입하고, 그것을 기초로 19세기 중반 이후 서양의학을 빠르게 도입해 의료 및 위생의 제도화(근대화)를 도모하던 일본은 선페스트의 유행에 민감하게 반응했다.

또한 이 시기에 선페스트와 함께 맹위를 떨쳤던 것이 콜레라였다. 콜레라는 무엇보다 인도의 풍토병이었는데, 1817년 벵골 지방에서 감염 폭발이 일어나 이후 동남아시아를 거쳐 중국과 조선, 일본, 류큐 등에도 확산되었다. 중국에서는 1820년 광둥성과 저장성浙江省의 연해안에서 콜레라가 발생했고, 이듬해에는 난징南京, 산둥山東, 베이징北京으로 퍼져, 1822년에는 전국적으로 유행했다. 한반도에서의 유행도 1820년에 발생했고, 그 이후 1822년에는 류큐와 일본에서도 최초의 유행이 나타났다.[9]

그 이후 일본에서는 자주 대규모로 콜레라가 유행했고, 10만 명 정도의 사망자가 발생하는 일도 있었다. 메이지 정부는 콜레라의 유행과 19세기 말 선페스트의 유행에 대응하면서 서양적인 위생제도를 도입해 내무성 위생국을 중앙기관으로 하고 지방에서는 경찰부 위생과의 관할 아래 의료 및 위생의 제도화를 추진했다.[10]

---

8   2003년 유행한 사스는 공기로 감염되는 성질 때문에 인플루엔자와의 유사성이 지적되었다. 그러나 감염증이 전파되는 형태를 보면 오히려 19세기 말부터 20세기 초의 선페스트의 유행과 유사한 점이 많다.

9   1822년 콜레라가 일본으로 전파된 데에는 한반도 경유설, 자바로부터 나가사키 경유설의 두 가지 설이 있다.

10 감염증 대책을 위한 검역이 조약 권익의 하나였던 것은 잘 알려져 있지 않다. 일본은 1858년의 「안세이조약(安政條約)」에 의한 치외법권 확대 해석에 따라 외국 선

청일전쟁 이후 일본의 식민지가 된 타이완에서도 선페스트가 유행했다. 타이완 총독부는 선페스트 환자의 신고, 치료, 격리 등을 통해 타이완인의 생활에 개입하고 타이완인 사회의 조직화를 이루었다. 타이완에서 위생행정의 기초를 구축한 것은 내무성 위생국장에서 타이완 총독부 민정장관이 된 고토 신페이後藤新平이다. 그는 타이완에 일본의 제도를 도입하고, 경무부警務部 위생과에서 위생행정을 관할하게 했으며, 한인漢人 사회의 자치조직이었던 보갑保甲을 재편해 위생조합을 조직하고 위생사업을 정비했다. 이러한 위생의 제도화는 콜레라와 선페스트, 그리고 타이완의 지방병인 말라리아를 억제하는 것과 연결되었는데, 동시에 원주민 사회를 포함한 타이완인 사회에 타이완 총독부의 통치권력이 침투하게 되었다(飯島涉, 2000: 第3章; 飯島涉, 2005: 第1章).

청조의 의료 및 위생 개혁

홍콩에서의 선페스트 유행 이후 상하이, 톈진, 잉커우 등 중국 연해안의 많은 도시에서도 선페스트가 유행했다. 이때 청조 정부는 전통적인 대책을 취했다. 즉, 중앙정부가 지방관에 대책을 취하도록 명령하고 실제의 대책은 선당 등 민간단체가 선행(혹은 의거)으로서 행하는 것이었다. 그러나 조계[11] 등에서 생활한 외국인은 청조 정부의 이러한 대응을

박을 검역하는 권한이 제한되었다. 조약 개정 과정에서 일본이 검역권을 회수한 것은 19세기 말의 일이다. 중국 역시 검역권을 제한받았는데, 검역권이 회수된 것은 1930년의 일이다.

11 중국에서 조약에 의해 설정된 외국인 거주지역으로 상하이, 광저우, 톈진 등에 설

강하게 비판하고, 정부가 중심이 된 대책을 추진하는 근대국가적 존재 방식, 즉 국가의료를 외교적 통로를 통해 청조에 요구했다. 그렇지만 청조 정부는 이것에 기민하게 대응하지 못했다. '작은 정부'였던 청조 정부에는 지방의 위생사업을 추진하는 데 필요한 재원이 없었기 때문이다.

이러한 가운데 의화단사건 이후 외국 군대의 점령을 거쳐 1902년 톈진에 개설된 톈진 위생국은 중국 최초의 위생행정기관으로서 의료 및 위생의 제도화를 추진했다. 그 활동은 주로 천연두 대책을 위한 종두와 화장실 정비, 도로 청소 등이었으며, 위생경찰에 해당하는 위생순포衛生巡捕가 이를 감독했다. 톈진 위생국은 외국 군대와 점령 행정기구(톈진 도통아문都統衙門)가 실시한 위생행정을 계승한 것이다(Rogaski, 2004).

20세기 초에 청조 정부는 의화단사건에서 패한 것을 계기로 본격적인 근대화 정책인 '광서신정光緖新政'을 추진했다. 의료 및 위생사업에서는 서양의학을 본격적으로 도입함으로써 근대화를 추구했다. 그 특징은 첫째로 국가의료를 지향한 것이다. 즉, 청조 정부는 '작은 정부'에서 벗어나 구미와 일본을 모델로 한 근대국가를 지향하게 되었다. 이것은 지역 유력자에 의한 선행(의거)에 의료와 사회사업을 의존해왔던 사회구조의 대전환을 의미했다. 그러나 청조 정부가 이러한 근대화 정책을 추진하려면 재원이 필요했고, 이를 위해 새로운 과세를 하지 않을 수 없었다. 그리고 이 때문에 그 통치가 오히려 동요하게 되었다.

치되었다. 조계에서는 중국 정부의 행정권이 제한되었기 때문에 조계는 중국인이 내란으로부터 피신하고 생활과 재산을 지키는 곳이었으며, 공산당 등의 활동 거점이기도 했다.

둘째, 서양의학의 본격적인 도입이다. 19세기 중반 이래 의료 전도를 목적으로 한 선교사가 각지에서 서양의학에 기초한 의료 행위를 행했다. 서양의학에 대한 편견을 없애는 데 선교사의 역할은 적지 않았지만, 의료 및 위생의 제도화는 아직 갈 길이 먼 상황이었다. 그러나 이 시기의 의료 및 위생 개혁에서는 명확하게 서양의학의 도입에 의한 근대화가 목표로 제시되었다. 그리고 그 창구가 된 것이 일본이었다. 많은 유학생이 일본의 의학교 등에서 배우고, '일본'의학을 경유하여 '서양'의학을 중국에 도입했다. 즉, 의료 및 위생사업에서 일본 모델을 도입한 것이다.[12]

셋째, 이제까지 의료체계의 중심에 위치해온 중국의학과의 관계의 재편이다. 전통이 대단히 큰 의미를 지녔던 중국에서는, 난학蘭學을 기초로 단번에 서양화를 이룬 일본과 같은 대응은 취하지 못했다. 그러나 20세기 초의 개혁은 전통적인 관료 등용제도인 과거의 폐지 등 기존 체제의 대전환을 의미하는 본격적인 것이었으며, 서양의학을 중심으로 한 의료 및 위생제도의 구축이 추구되었다. 그러나 중국의학은 격렬히 반발했고, 중국의학과 서양의학 간 논쟁(중서의학 논쟁)이 이후 몇 차례 되풀이된다.

이러한 가운데 1910년부터 1911년에 걸쳐 만주에서 선페스트가 유행했다. 이 선페스트는 시베리아에서 기원한 것으로 당시 사망자만 해도

---

12 무엇보다 유명한 인물로서 루쉰(魯迅)을 들 수 있다. 루쉰은 1902년에 센다이의학 전문학교(현재의 도후쿠대학 의학부)에 유학했다.

만주에서의 정크선에 대한 검역

자료: 奉天全省防疫總局, 『東三省疫事報告書』.

5만에서 6만 명에 이르는 대유행이 되었다. 동삼성東三省 총독이었단 시량錫良[13]은 대책을 추진하기 위한 기구로서 펑톈奉天 방역총국을 설치하고 각 현에도 방역기구를 설치해 환자의 치료와 격리, 쥐의 박멸, 시체의 소각과 검역의 강화 등의 대책을 추진했다.

청조 정부의 대응은 광서신정에 의한 의료 및 위생의 제도화를 계기로 조직화되었다. 그러나 일본은 관동주關東州(다롄, 뤼순 등)와 만주·조선 국경에서 방역행정을 강화하고,[14] 만철滿鐵 부속지에서의 페스트 대책 강화를 이유로 '일청공동방역기구'의 설치를 청조 정부에 제안했다. 즉, 만철 부속지 외측의 중국 내지에서도 일본이 페스트 대책을 실시할 것을 제안한 것이다. 이는 명백한 내정간섭이었다. 러시아도 만주 북부에서 마찬가지로 선페스트 대책을 통해 중국 내지에 대한 영향력을 확대하고자 했으며, 감염증 대책은 만주에 일본과 러시아가 진출하는 가

---

13 시량(錫良, 1852~1917)은 몽골인으로 진사에 급제한 이후 지방관으로서 두각을
    나타낸다. 1909년부터 동삼성 총독이 되어, 러시아와 일본의 진출에 대항했다.
14 그 배경에는 1910년의 한국 합병이 있었다.

운데 정치화되었다.

청조 정부는 일본과 러시아의 움직임에 대항하기 위해 말레이시아 출신 화교 학자로, 케임브리지대학에서 세균학을 배운 우롄더吳聯德[15]를 중심으로 대책을 추진하여(Wu, 1959), 1911년 4월 펑톈에서 국제페스트회의The International Plague Conference를 개최했다. 청조 정부는 이 회의에 미국 등으로부터도 학자를 초빙해 문제를 국제화하고, 일본과 러시아의 움직임을 견제했다(飯島涉, 2000: 第4章·第5章).

일본 모델의 도입

일본 모델

1911년 10월의 신해혁명으로 청조가 붕괴되자(1912년 1월), 신정부는 광서신정 이래 청조 정부의 정책을 계승하면서 의료 및 위생의 제도화를 추진했다. 위생행정을 담당하는 중앙정부기구로서 위생사衛生司를 설치하고, ① 전염병과 지방병의 예방, 종두 및 그 밖의 '공중위생'사업, ② 자동차 검역 및 선박 검역, ③ 의사 및 약제사의 감독, ④ 약품과 그 판매에 관한 검사, ⑤ 위생회, 지방위생조합 및 병원에 관한 사항 등을 관할하게 했다.

---

15 우롄더는 이후 하얼빈의 동북방역처(東北防疫處) 처장이 되어 위생행정을 확립하는 데 진력했고, 1930년부터는 상하이 해관의 검역서장을 맡았다.

위생회와 지방위생조합의 설치를 구상했던 점을 볼 때, 신정부가 일본의 공중위생제도를 모델로 하여 제도 구축을 추진하려 했던 것을 알 수 있다.

20세기 초, 특히 1920년대까지 중국에서 의료 및 위생의 제도화는 행정기구, 관련 법령, 인재의 모든 측면에서 일본의 제도를 모델로 했다. 이는 현재 중국어로 '公共衛生공공위생'으로 번역되는 'public health'가 이 시기에는 '公衆衛生공중위생'이라는 일본어의 번역어 그대로 사용된 점에서도 단적으로 볼 수 있다.

'공중위생'이라는 말을 만든 것은 내무성 위생국장을 맡았던 나가요 센사이長與專齋[16]였다. 실제로는 '공공위생'의 쪽이 직역에 가깝지만, 군이 '공중'이라는 용어를 사용한 것에는 민중의 자발성에 대한 나가요 센사이의 기대감이 들어가 있었다.

많은 의학 용어, 예를 들면 '전염병'과 '기생충' 등의 용어도 이 시기 일본어에서 중국어로 도입되었다. 또한 1916년에는 감염증 대책의 법령으로서 「전염병 예방조례傳染病豫防條例」가 공포되었는데, 이 법률은 1897년에 제정된 일본의 「전염병 예방법傳染病豫防法」의 내용을 거의 그대로 인용한 것이었다. 중국이 일본 모델을 도입한 데는 몇 가지 이유가

---

16 나가요 센사이(1838~1902)는 데키주쿠(適塾) 출신의 난학자로서, 이와쿠라(岩倉) 사절단에 참가해 구미 각국의 의료 및 위생제도를 시찰하고 정부가 민중의 건강 유지에 큰 역할을 하고 있는 것에 감명을 받았다. 그리고 그러한 제도를 『장자(莊子)』의 「경상초편(庚桑楚編)」 중 '위생(衛生)'에서 이름을 따와 '공중위생'으로 번역했다.

있는데, 우선 '한자를 공유하고 있다'는 점은 최대의 요인이었다. 또한 근대화 개혁의 모델로서 일본 모델이 친숙하며 매력적으로 비춰졌던 것도 쉽게 상상할 수 있다. 그러나 뒤에 언급하는 바와 같이, 근대 일본의 위생제도를 그 상태 그대로 도입하기에는 중국과 일본의 사회구조에 큰 차이가 있었으며, 따라서 그것이 정착하는 데는 어려움이 있었다(飯島涉, 2000: 第6章; 飯島涉, 2009).

국민정부의 노력

장제스蔣介石가 이끄는 국민당 정권의 국민정부는 북벌을 통해 중국의 통일을 도모하는 한편, 난징에 중앙정부를 설치하고 내정부內政部에 위생사를 설치했으며, 이후 위생사를 위생부衛生部로 승격시켰다.[17] 초대 위생부장은 쉐두비薛篤弼가 맡았고, 이어서 류루이헝劉瑞恒이 부장이 되었다.

류루이헝

류루이헝은 근대 중국의 위생행정에서 핵심 인물 중 한 사람이다. 톈진에서 태어나 톈진 베이양대학北洋大學을 다니고 하버드대학으로 유학하여 의학 박사학위를 취득했고, 귀국 후에는 베이징 협화의학교協和醫學校에서 교수와 원장을 지냈다.[18]

---

17 부(部)는 일본의 관료기구에서는 성(省)에 해당하며, 사(司)는 국(局)에 해당한다.
18 협화의학교와 협화의원은 미국 록펠러의 지원을 받아 설립되어, 베이징을 중심으로 중국의 의료 및 위생의 제도화에 큰 역할을 했다. 일본이 설립한 남만의학당(南

위생부에는 총무, 의정醫政, 보건, 방역, 통계의 각 사司가 설치되어, 의생사장에 옌즈중嚴智鐘, 보건사장에 진바오산金保善이 취임했다. 옌즈중은 톈진의 유명한 교육가인 옌슈嚴修의 아들로 일본에 유학해 도쿄제국대학 의학부를 졸업하고 전염병연구소 연구원을 거쳐 베이징시립격리병원장을 맡았다. 진바오산도 일본에 유학하여 치바의전千葉醫專을 졸업한 후 국립베이징의과대학 교수가 되었다. 이상과 같이 국민정부의 의료 및 위생정책의 입안에는 외국 유학을 경험한 사람들이 깊이 관여했다. 그리고 이것은 어떤 의미에서 볼 때, 중국에서 의료 및 위생의 제도화 모델로 무엇을 추구할 것인가 하는 문제이기도 했다.

국민정부는 1928년 위생행정의 정비를 위한 기본계획인 「전국위생행정계통대강全國衛生行政系統大綱」을 제정하고, 각급 행정 단위에서의 위생행정기구의 설치를 결정했다. 이와 더불어 자문기관으로서 중앙위생위원회, 또한 윈난, 후난, 간쑤, 닝샤, 칭하이에 위생실험처, 나아가 상하이시 우쑹 모범구吳淞模範區, 허베이 딩현定縣 농촌위생실험구 등을 설치했다.

「전국위생행정계통대강」을 작성한 것은 후딩안胡定安[19]이다. 후딩안은 대강의 작성 과정에서 사회풍토가 유사하다는 이유로 여러 방면에서 일본의 공중위생제도를 참고해야 한다고 지적했다. 또한 중국에서 다양한 사회사업을 담당해온 자선단체에 대해서 "이들은 민간이 관리하는

滿醫學堂, 만주의과대학의 전신)은 협화의학교를 강하게 의식했다.

19   후딩안은 브뤼셀 공중위생학원에서 배우고, 베를린대학에서 의학 박사학위를 취득한 이후 베를린시 공중위생국에서 근무했다.

것으로 국가의 보호를 받지 않지만 '공중위생'[20]의 원칙으로 본다면 이것들도 위생행정의 범위에 속해야 하는 것이다"라고 하면서 그에 대한 국가 관리의 필요성을 말했다(胡定安, 1928: 25).

20세기 초반에 의료 및 위생의 제도화는 명확하게 정부에 의한 국가의료를 지향한 것이었다. 후딩안은 「중화민국 국민정부 위생행정조직대강조례 초안中華民國國民政府衛生行政組織大綱條例草案」을 작성하고, 이를 베를린대학 교수인 글로트얀에게 보냈다. 글로트얀은 1920년부터 베를린대학 사회위생학 강좌의 정교수를 맡은 사회민주당 계통의 인물로, 독일 우생학과 사회위생의 전개에 큰 영향을 미쳤다(川越, 2004).

이처럼 국민정부 시기 중국에서 의료 및 위생행정 확립의 배경에는 국제적인 계기, 즉 일본 모델의 도입, 나아가 우생학의 도입(Dikötter, 1992)(다만 근대 중국의 우생학 도입에 대해서 디쾨터의 소개는 일반적인 것에 머무르고 있으며, 일본의 우생학에 대한 언급은 없다)과 사회진화론의 도입을 확인할 수 있다(Yip, 1995: 36).

중국의학과 서양의학 간 논쟁

의료 및 위생의 제도화 과정에서 중국의학과 서양의학의 대립은 큰 문제였다. 그것은 20세기 초 청조 정부가 본격적인 근대화를 취하면서 표면화되었다. 위안스카이가 중화민국 대총통에 취임하자 1912년 일본

---

20 이 시기에 이미 '공공위생'이라는 말이 일반적으로 사용되었다. 그러나 여기에서는 여전히 '공중위생'이 사용되고 있다.

을 모델로 한 교육개혁안이 책정되었다. 이 시기, 대학의 교육과정에 의학과 약학이 설치되었지만, 중국의학은 포함되어 있지 않았다. 중국의학 단체인 상하이신주의약총회上海神州醫藥總會의 위보타오余伯陶[21]는 이에 강하게 반발하고, '의약구망청원단醫藥救亡請願團'을 조직해 중국의학의 진흥과 중국의학 및 약학 학교 설립을 정부에 요청했다. 그러나 교육총장 왕다셰王大燮는 그것을 인정하지 않았다.

국민정부가 의료 및 위생의 제도화를 추진하는 와중에도 중국의학과 서양의학 간 논쟁이 재연되었다. 1929년에 개최된 제1회 중앙위생위원회 행정회의에서 위원슈余雲岫[22]가 중국의학 의사를 배제하는 법안을 제안했던 것이다. 국민정부는 서양의학 쪽으로 더욱더 기울었고, 1930년 「서의조례西醫條例」를 공포했다. 이것은 치료 행위를 할 수 있는 의사의 자격을 정한 것으로, 서양의학의 의사에게만 의사 자격을 인정했다. 이에 대해 중국의학의 의사와 단체는 맹렬하게 반대운동을 전개하고, 국민정부는 결국 1936년 「중의조례中醫條例」를 공포하지 않을 수 없게 되었다. 이것은 정부에 의한 중국의학의 공인이며, 현재에도 중국의학이 큰 영향력을 갖게 된 요인의 하나이다(クロイツァー, 1994: 149~152).

그러나 중국의학이 전통적 체계를 그대로 유지했던 것은 아니었다. 서양의학과의 융합을 시도한 중국의학 의사의 등장과 20세기 초부터 진행된 의료 및 위생의 제도화에 대응하면서, 「중의조례」 제정의 형태로

21　위보타오(1866~1922)는 장쑤성(江蘇省) 자딩현(嘉定縣) 출생이다.

22　위원슈(1879~1954)는 저장성 전하이(鎮海) 출신으로 일본에 유학한 경험이 있으며, 중국의학을 배척하는 데 앞장섰다.

중국의학의 제도화를 추진했던 것이다. 그 과정에서 중국의학은 자신이 중국문명을 체현하는 것이라는 논리를 펼치고 문화적 민족주의를 환기하면서, 서양의학을 기초로 하는 의료 및 위생의 제도화에 대항했다.

'공중위생'에서 '공공위생'으로

'대對중국 21개조 요구'와 산둥 문제를 계기로 중·일 관계가 악화되는 가운데, 미국 록펠러재단의 원조를 받아 베이징에 공공위생사무소가 개설되어(1925년) 의료 및 위생의 제도화가 진전되었다. 이러한 가운데 'public health'의 번역어는 점차 '공중위생'에서 '공공위생'으로 변화했다. 이 점은 20세기 초반 중국에서 의료 및 위생의 제도화의 모델이 일본에서 미국으로 변화한 것을 보여준다(飯島涉, 2000: 第6章).

'동방의 환자東方病夫'에서 벗어나기 위해서도 의료 및 위생사업의 제도화가 필요해졌다. 이를 위해 국민정부가 목표로 했던 것은 검역권의 회수이며, "불평등조약을 개정하려면 '동방의 환자'로 불리는 상황을 우선 해결해야 한다"라고 보았던 것이다.[23]

그러나 국민정부가 추진한 의료 및 위생의 제도화가 발전하는 과정은 결코 평탄하지 않았다. 만주사변에서 북지사변北支事變으로, 중일전쟁의 전면전으로의 발전은 국민정부의 근대화 개혁을 정체시켰다. 그 결과 20세기 초반 중국에서 의료 및 위생의 제도화는 여전히 도시와 일부 농촌지역에 한정된 것이었다.

---

23   南京特別市衛生局, 『第2屆首都衛生運動大會特刊』(1929年 12月), 23쪽.

제2장

사회주의혁명과 의료 및 위생

변경지역에서의 의료 및 위생정책

옌안의 의료 및 위생정책

현대 중국의 의료 및 위생사업, 특히 사회주의화 시기의 그러한 제도의 연원은 '변구邊區 정권'에서 찾을 수 있다. 그리고 중화인민공화국 설립 이후 의료 및 위생행정은 농촌 근거지를 기반으로 정권을 수립한 중국공산당이 도시를 통치지역으로 편입하고, 의료 및 위생사업의 전국적 네트워크를 확립하는 과정이었다.[1]

1921년 소련공산당의 영향하에 중국에서도 공산당이 설립되었다. 공산당은 제1차 국공합작 등을 통해 국민당과 통일정권을 수립하고자 했는데, 그 세력이 강해지자 장제스는 1927년 4·11쿠데타[2]를 통해 공산당

---

1 이 장에서 소개하는 사실 경과 등에 대해서는 飯島涉(2005, 2006b)에서 자세히 다룬다.

2 1926년 광둥을 출발한 국민혁명군은 1927년 3월 노동자의 무장봉기에 호응하여

을 배제했다. 공산당은 이후 국민당과의 대결, 소비에트 정권 수립의 노선을 걸었는데, 도시에서의 활동에 실패하고, 마오쩌둥을 중심으로 그 거점을 도시에서 농촌으로 이동했으며, 1931년 중화소비에트공화국(수도는 루이진瑞金)[3]을 탄생시켰다.

1927년의 난창南昌봉기[4] 때 설립된 홍군紅軍(훗날 인민해방군)에는 위생처가 설치되어, 위생부 위생방역사장이 되는 천원구이陳文貴[5]와 허청賀誠, 푸롄장傅連暲 등 공산당 정권의 위생행정을 담당하는 인물이 전투 중 사상자의 구호에 임했다.

중화소비에트공화국의 중앙정부 내무부에는 위생관리국, 중앙혁명군사위원회에는 위생부가 설치되어, 같은 해 중국공농홍군 군의학교軍醫學校도 설치되고, 허청이 교장이 되었다(1933년 중국공농홍군 위생학교로 개칭). 이 정부에서는 1933년 「위생운동강요衛生運動綱要」, 1934년 「전

상하이를 점령했다. 공산당의 지도하에 추진된 노동운동의 고양에 위기감을 느낀 장제스는 노동운동의 지도자와 공산당원을 체포했는데, 이 때문에 제1차 국공합작은 붕괴했다.

3 제1차 국공합작 붕괴 이후 공산당은 토지혁명을 추진하고 농촌 소비에트 정권을 수립했다. 그것을 규합하여 중화소비에트공화국을 세우고 장시성(江西省) 루이진에 임시중앙정부를 설립했다.

4 제1차 국공합작 붕괴 이후 공산당은 무장봉기 노선으로 전환했으며, 1927년 8월 1일 장시성 난창에서 저우언라이, 주더 등이 이끄는 국민혁명군이 봉기하여 난창을 점령했으나, 국민정부군의 반격을 받아 봉기는 실패로 끝났다. 한편 8월 1일은 공산당이 처음으로 무력을 지닌 날로 여겨져 건군기념일이 되었다.

5 천원구이(1902~1974)는 쓰촨성 출신으로 화시대학(華西大學)을 졸업하고 국제연맹 보건기관에서도 활동한 경험이 있다.

염병 예방조례傳染病予防條例」 등을 제정하고, 전염병의 보고제도와 격리 규정을 정했다(陳海峰 編, 1993: 26~36).

엔안延安으로 거점을 옮긴 뒤 '산간닝 변구陝甘寧邊區'[6]의 위생행정을 위해 중앙정부에 다음 세 가지 계통을 설치했다.

① 중앙위생처: 엔안중앙의원(원장은 푸렌장, 1939년)을 관할.

② 중앙군사위원회 총위생부: 베순국제평화의원(팔로군 군의원에서 1939년 베순H. Norman Bethune[7] 사망 후 개칭, 원장은 총위생부 부부장 쑤징관蘇井觀)과 중국의과대학을 관할.

③ 변구정부 위생서: 변구의원(원장은 푸렌장, 1938년), 보건약사保健藥社(책임자는 리창춘李長春, 1938년), 위생합작사, 국의연구회國醫硏究會(중국의학의 단체, 1941년), 중서의약연구회中西醫藥硏究會(1945년 3월 개설)을 관할.

나아가 변구정부는 1937년에 엔안현 위생위원회, 이듬해 가을에 변

---

6 중일전쟁 시기에 공산당이 통치했던 지역을 일반적으로 변구(邊區)라고 부른다. '산간닝 변구(陝甘寧邊區)'는 산시(陝西), 간쑤(甘肅), 닝샤(寧夏)의 성(省) 경계지역이다. 1942년부터는 국민당의 경제 봉쇄와 일본군의 공격에 대항해 대생산운동과 정풍운동(整風運動)을 전개하여 마오쩌둥에 대한 개인숭배가 강화되었다.

7 노먼 베순(1890~1939)은 중국어 표기로 바이추언(白求恩)이다. 캐나다 출신 의사로 스페인 인민전선의용대에 참가했다. 캐나다 공산당에 입당하여, 캐나다와 미국에서 파견된 의료대를 이끌고 엔안에 들어갔다. 항일 근거지에서 의료 활동에 종사했고, 허베이성(河北省) 딩현(定縣)에서 감염증으로 사망했다.

마하이더. 1984년 중국의 의료와 복지를 지원한 쑹칭링(宋慶齡)일본기금회 설립 시에 일본을 방문했다.

자료: 久保田博子.

구의원邊區醫院을 개설하고, 민정청民政廳에 위생과衛生科(과장은 신란팅辛蘭亭), 각 향鄕에 위생위원회를 조직했다. 1939년 4월, 민정청에 위생처衛生處(처장은 어우양징歐陽竟)와 변구위생위원회(위원은 마하이더馬海德, 장런쥔張任俊, 푸롄장, 황쭈옌黃祖炎, 장이즈張一知, 뤼전추呂振球, 신란팅 등 8명)를 설치하고 중국의학 의사를 활용하기 위한 보건약사를 설치했다.[8]

중화소비에트공화국 및 '산간닝 변구'에서 추진된 의료 및 위생의 제도화에 나타난 특징은 정치운동과 대중운동 중시였다. 변구 정권은 「위생운동강요」에 기초하여 구체적인 대책을 실시했으며, 그 중심이 된 것은 위생관리국장 허청으로 도시에서는 가도街道, 농촌에서는 구향區鄕, 나아가 각 부족에 위생운동위원회 혹은 위생소조衛生小組를 조직하고, 동원과 대중운동을 기반으로 학교 등을 이용한 위생교육과 선전을 추진했다. 위생운동일에는 청소운동 등 각 조직의 경쟁이 행해졌는데, 그것은 강제적이었다(唐國平, 2004: 136~137).

---

8 마하이더(馬海德)는 조지 하템(George Hatem, 1910~1988)의 중국어 이름이다. 제네바대학 등에서 의학을 배우고 1930년대 초기에 상하이에서 스메들리(Agnes Smedley)를 통해 중국공산당과 접촉했고, 이후 옌안에 들어가 중국의 의료 및 보건에 진력했다.

변구의 실정

변구에서 의료 및 위생사업의 내실은 어떠했을까? 「중국공산당 '산간 닝 변구' 당 제2차 대표대회 결의」(1939년 12월 10일)에서는 위생사업이 대단히 큰 성과를 거두었지만 광범위한 대중운동에 의한 것이 되지는 못하고 있다고 했으며, 청결·위생교육의 중시, 임산부에 대한 위생교육 을 통한 신생아 보호, 유유아乳幼兒 사망 방지, 전염병 예방, 전족 금지 등을 결의했다. 여기에서 주목되는 것은 중국의학 약품 연구, 중의훈련 반中醫訓練班 설치 등 적극적으로 중국의학에 지위를 부여하려 한 점이다 (日本國際問題硏究所中國部會, 1974: 第10卷, 110).

실제로 변구의 의료 및 위생 조건은 가혹했다. 공산당도 스스로 이를 솔직히 인정했다. 린보취林伯渠[9]는 「산간닝 변구 30년간의 업무 개황: 제2기 산간닝 변구 참의회에 대한 정부 보고」(1941년 12월 8일)에서, "위 생사업에 대해 말하자면 정부가 하고 있는 것은 병의 무료 치료, 방역교 육 강화, 제약공장 개설 및 의료대醫療隊의 하향공작下鄕工作에 불과하다. 우리의 대중에 대한 원조가 별로 없는 것을 인식해야 한다. …… 질병에 의한 아동의 사망률은 매우 높고, 이것은 정부가 이 방면에서 행한 업무 가 각종 원인으로 미약한 효과를 거두었다는 것 외에 다른 이유가 없다" 라고 어려운 상황을 솔직하게 말하고 있다(日本國際問題硏究所中國部會, 1974: 540).

9　린보취(1885~1960)는 후난성 출신으로, 일본에 유학하고 중국동맹회에 참가했으 며, 1921년에 공산당에 입당했다. 장정에도 참가하고, '산간닝 변구' 정부 주석을 거쳐 중앙인민정부 비서장이 되었다.

국민당과의 내전과 일본군의 공격 가운데 혁명 근거지에서 의료 및 위생의 제도화는 대단히 어려운 일이었다. 의사와 간호사 등 전문적 지식을 지닌 인재가 결정적으로 부족했고 의약품도 없어 모든 측면에서 큰 어려움에 직면했었다고 할 수 있다. 그 결과 대중 동원형의 의료 및 위생제도가 지향되었다.

마오쩌둥은 「문화·교육에서의 통일전선의 방침」(1944년 10월 30일)에서, 서양의학 의사는 중국의학 의사에 비해 과학적이지만, 인민에게 관심을 갖고 있지 않으며, 양성 훈련도 행해지지 않고, 중국의학의 개조에도 적극적이지 않다고 하며, 소수의 서양의학 의사에 의지해서는 안 되고, "우리의 임무는 효과를 낼 수 없는 모든 낡은 형태, 낡은 인재를 규합하고 그들을 도와 그들을 감화시켜 그들을 개조하는 것이다. 그들을 개조하기 위해서는 우선 그들과 단결해야만 한다. 우리가 적절히 처신한다면 그들은 우리가 제공한 원조와 개조를 기쁘게 받아들일 것이다"라고 말했다(日本國際問題研究所中國部會, 1975: 第12卷, 160). 여기에서는, 서양의학 쪽이 분명 과학적이라고 하면서도 현실적으로 많은 의사를 확보할 수 없어 의료 및 위생행정에서 중국의학 의사의 지위를 적극적으로 세우려는, 이후 공산당이 중국의학에 대응하는 모형이 제시된다.

중국공산당은 어려움 끝에 항일전쟁과 내전에서 승리하고, 중화인민공화국 설립 후인 1949년 11월 중앙인민정부에 위생부(초대 부장 리더취안李德全[10])를 개설하고, 군사위원회 위생부에서도 제1차 전국위생행정

10   리더취안(1896~1972)은 베이징시 퉁현(通縣) 출신이다. 조부 때부터 기독교 신자

회의(베이징)를 개최했다. 이 시기 위생사업은 인민해방군 주도로 전개된 것으로 보인다. 전쟁에 따른 통치 질서의 동요와 부패에 따른 일본인 대량 철수 등으로 동아시아가 콜레라 등 감염증의 유행에 직면했기 때문이다.[11]

공산당 정권은 국민당의 의료 및 위생 행정기구를 접수하고 인원을 재배치했다. 1949년 1월, 공산당군의 관리 아래에 들어간 톈진에서는 위생접관처衛生接管處가 개설되어 베순의과대학 교원教員과 학생, 화북군구華北軍區 인원이 육군의원·수의원獸醫院, 시립·성립·국립 관련 학교, 약품창고, 제약공장, 후방의원을 접수했다. 같은 해 4월 톈진시 인민정부가 설립되자 위생국을 개설하고 1950년 3월 이를 공공위생국으로 개칭했다. 1956년에는 공상업의 사회주의개조가 추진되고, 사립의원 등도 그 관리 아래에 들어가, '중심의원中心醫院'과 지역의 중심이 되는 '골간성의원骨幹性醫院', 말단의 '가도위생원街道衛生院' 등의 세 가지 수준으로 재편되었고, 1959년에는 약품의 제조(중국의학을 포함)를 공공위생국으로 이관했다(張廣鑄 主編, 1999: 731).

<hr />

였다. 그녀는 펑위샹(馮玉祥)의 부인이 되어 여성의 지위 향상과 아동복지, 위생사업에 진력했다. 중화전국민주부녀연합회(中華全國民主婦女聯合會) 부주석, 중국적십자회(中國紅十字會) 회장 등을 역임했다.

11 국공내전으로 중국인이 홍콩과 타이완으로 대거 이동했던 것도, 그때까지 억제되었던 감염증의 유행이 확대된 요인이었다. 그것이 중국인에 대한 타이완인의 차별의식을 만들어내 1947년 2·28사건의 배경이 되었다는 지적이 있다(陳淑芬, 2000).

일본인의 활용

중국공산당은 의료 및 위생사업 관련 인재의 부족을 메우고자 만주를 중심으로 잔류했던 일본인의 상당수를 남겨두고 활용했다. 그 가운데에는 히에다 겐타로稗田憲太郎(만주의과대학 교수)[12]나 가지 시노부加地信(만주국 위생기술창 세균연구실 주임)[13]와 같은 전문지식을 보유한 인물부터, 실제로 의료 및 위생 실무에 종사했던 의사와 간호사, 그리고 의료사무 관계자 등 다양한 사람이 있었으며, 활용의 범위는 대단히 넓었다.

중국공산당이 활용한 일본인 대부분은 1953년부터 1954년 한국전쟁이 끝난 후에 귀국했다. 이 시기 공안조사청은 귀국한 사람들에 대한 청취 조사를 실시했다. 그 목적은 활용된 일본인을 통해 중국 사정을 조사하는 것에 있었다고 보인다. 이 자료는 중화인민공화국 초기의 의료 및 위생 상황의 일단을 알 수 있는 중요한 자료이다.[14] 공안조사청에서 청

---

12 히에다 겐타로(1899~1972)는 나가사키현 이키(壹岐)에서 태어나 남만의학당을 졸업한 이후 규슈대학 등에서 배우고 만주의과대학 교수로서 병리학을 가르쳤다. 몽장정부중앙의학원(蒙疆政府中央醫學院, 장자커우 소재) 원장이 되었고, 일본 패전 후에는 공산당군과 함께했다. 1953년에 귀국할 때까지 화북의과대학 교수가 되었다. 귀국 후에는 구루미의과대학(久留美醫科大學) 교수로 재직했다. 저서로『의학사상의 빈곤: 한 병리학자의 고투(醫學思想の貧困: 一病理學者の苦鬪)』(社會思想社, 1971)가 있다. 또한 가토 유조(加藤祐三)와 고지마 레이쓰(小島麗逸)의 청취 기록으로「중국의 의학에 대해서(中國における醫學をめぐって)」, ≪아시아경제(アジア經濟)≫, 第11卷, 第9号(1970年 9月)가 있다.

13 가지 시노부는 도쿄에서 태어나 게이오대학 의학부를 졸업하고 만주국 위생기술청에서 방역과 백신 제조에 종사했다. 저서로『중국 유용 10년(中國留用十年)』(岩波書店, 1957)이 있다.

14 기록의 일부가 인쇄되어 현재 도요분코(東洋文庫)에서 열람할 수 있다. 청취 조사

취 조사한 내용의 일부를 소개하겠다.

S-626(남자), S-627(여자)(1955년 9월 25일 청취): 두 사람은 일본 패전 이후 공산당군에 참가했고, 이후 여성은 부장婦長으로서 종군했다. 여성은 후베이성 샹양전구의원襄陽專區醫院에 근무했을 때, 시안西安 탄갱에서 전속했던 일본인 남성과 결혼하고, 남성은 전구의원의 회계가 되었다. 두 명은 1955년 2월에 귀국했다.

샹양전구의원의 원장은 첸錢 모 씨로 내과부장을 겸임했고 허난성河南省 출신으로 44~45세, 카이펑開封의 영미계 대학을 졸업했다. 부원장은 리李 모 씨로 외과부장과 정치위원을 겸임했다. 그 외에 의사로서 내과 4명, 외과 4명, 부인과 1명(여성), 부장婦長 4인, 반장(간호사) 4명, 반원 14~15명, 잡부 약 10명, 행정사무 약 20명 등 120명 정도의 직원을 보유했고, 입원 환자의 수용력은 약 100명, 내진 환자는 매일 200명 정도로, 근처에 거주하는 농민이 대부분이었다.

질병으로 콜레라, 페스트 등 법정전염병은 전혀 없었지만 적리, 말라리아는 약간의 내진과 입원이 있고, 많았던 질병은 흉부 질환(폐렴과 기관지염)과 만성 위장병으로, 내진 환자의 70%를 점했다. 또한 지방병인 칼라아자르kala-azar[15]도 산발적으로 있고 치료를 받으러 오는 자가 끊이

의 건 수는 상당한 수에 달한 것으로 여겨지는데, 전체상은 밝혀지지 않고 있다. 또한 인쇄된 자료에서는 개인 이름이 익명으로 처리되어 있다.

15 내장 리슈마니아증이라고도 불리는 감염증으로, 리슈마니아라는 원충(原虫)에 감염된 응애에 쏘여 감염된다.

지 않았다. 의료비는 기관 공작인원은 공비公費의료위원회에서 발행한 보험증에 의해 무료였다. 농민에게는 의료비를 받았는데, 이는 의원의 중요한 재원이었다. 의원의 수지는 적자였는데, 성省의 부담으로 보전되었다.

이 의원은 의사와 간호사 수, 입원 환자의 수용력을 볼 때, 비교적 대규모 의원이었다고 생각되며, 지방 거점의원의 역할을 수행한 것으로 추측된다. 질병의 상황은 이 의원의 상황만으로는 정확하게 알 수 없다. 주목되는 것은 비용 부담의 형태로, 마침 이 시기에 공비의료제도가 도입되었다는 것을 알 수 있다. 농민은 의료비를 자비로 부담했는데, 이것은 합작의료가 도입되기 이전이었기 때문이다.

샹양전구의원의 설비는 활용된 일본인 여성의 눈에도 빈약해 보였던 모양이다. 뢴트겐은 일본제이고 약품은 영·미·일제인 것이 많고, 그 뒤를 이어 소련제 약품이 많았으며, 중국제는 대단히 적었다. 다만 1954년 여름 이후에는 중국제가 비약적으로 증가하고, 하얼빈제약창과 한커우 제1제약창의 상표가 부착된 스트렙토마이신, 히드라지드[16] 등도 입하되었다. 중국 제품의 증가는 제1차 5개년계획에 의한 것으로, 당시 가장 큰 약품 공장은 하얼빈제약창이었고, 상하이제약창이 그다음이었다. 한편 한커우 제1제약창 규모의 공장은 4~5개소 정도였다. 소련제 의약품이 증가하면서 영·미·일 제품이 밀려나는 현상이 뚜렷하게 나타나, 1955년 2월 무렵에는 소련제(위성국 포함) 50%, 중국제 40%, 영·미·일

---

16 항생물질로 결핵의 치료에 사용되었다.

제 10%였다.

전구專區 관할의 16개 현에는 위생처가 개설되었고, 전구공서專區公署 위생과 담당으로 전구의원이 실무지도를 행하고, 각 현의 위생처로부터 젊은 인원을 선발해 의조학교醫助學校(3년제)에서 교육했으며, 의원에서 반년 동안 인턴으로 지낸 뒤 우한의생전문학교武漢醫生專門學校(6년제)에서 교육하고 의사 자격을 부여했다. 또한 호사습련반護士習練班(별칭 간호학교, 호사문화반護士文化班, 간호사 양성) 역시 위생처에서 선발했다.[17]

이상과 같이 의약품을 둘러싼 상황, 특히 소련제 의약품 증가와 의사 양성제도 도입은 근거지에서 대중 동원형 의료 및 위생제도를 전국적으로 확대하는 데 반드시 필요한 조치였다.

S-651(同上, 여성, 1955년 9월 30일 청취): 패전 시에는 무단장牧丹江 제3 육군병원 가족진료부의 조산부로, 이후에는 지린吉林·시닝西寧 등에서 조산부로 활동했으며, 1955년 3월에 귀국했다. 이 여성은 중국공산당 간부의 출산을 도왔는데, 공산당 간부의 위생사상은 일반적으로 비교하면 매우 큰 차이가 있으며, 조산부로서의 개업은 지린시 인민정부 위생과의 허가를 필요로 한다고 했다.

이 조사기록의 '제3 잡정편단雜情斷片'에서 이 여성은 애국위생운동이 1951년 무렵부터 활발해져 1952년에 예방접종이 왕성하게 행해졌고, 지린에서는 마을 내 각 조組가 1개소에 모여 예방접종을 실시했다고 밝

17　東洋文庫所藏, 『中共事情(陸第701)湖北省襄陽專區醫院·右地區事情』(1955年 10
　　月 10日).

혔다. 접종은 4종 혼합으로 종두도 일반적으로 실시되었는데, 시닝에서는 종두만 실시했으며, 투베르쿨린 반응 검사[18]는 지린에서는 실시되었으나, 시닝에서는 실시되지 않았고, 백일해·디프테리아는 양쪽에서 시행되지 않았다.[19]

이 청취 조사에서 주목되는 것은 애국위생운동의 전개이다. 중국공산당은 근거지의 의료·위생행정을 전국적으로 전개하기 위해 애국위생운동과 같은 동원형 방식을 취할 필요에 직면했다.

한국전쟁과 의료 및 위생의 제도화

의료 및 위생사업의 3대 원칙

1950년 8월, 중앙인민정부 위생부 주최의 제1차 전국위생회의가 개최되어 '노동자·농민·병사 지향面向工農兵', '예방 위주豫防爲主', '중국의학의 의사와 서양의학의 의사 간의 단결團結中西醫'이라는 3대 원칙과 위생행정기관 정비, 위생교육에 충실, 의사들이 공동으로 진료하는 병원화, 중국의학 의사(산파를 포함)의 '과학화'와 서양의학 의사의 '대중화' 등네 가지 항목이 결정되었다(≪人民日報≫, 1950. 10. 23).

---

18 투베르쿨린 반응 검사는 결핵 감염 유무를 판별하기 위해 실시한다. 검사 결과 음성이면 BCG 접종 등이 이루어진다.

19 東洋文庫所藏, 『中共事情(陸第701)湖北省襄陽專區醫院·右地區事情』(1955年 10月 10日).

'중국의학 의사, 서양의학 의사와 연대한다團結中西醫'에서 그 순서는 어디까지나 중국의학이 먼저였다. 이것은 중국의학과 서양의학 간 논쟁 때에도 문제가 된 문화적 민족주의를 배려하면서, 실질적으로 중국의학 의사가 많고 그러한 인재의 활용이 의료 및 위생의 제도화를 위해 어찌 되었든 필요했다는 현실을 반영한 것으로 여겨진다. 앞에서 본 무단장 제3육군병원 가족진료부 소속 조산부를 대상으로 한 청취에 공산당 간부의 위생사상이 일반과 비교해 큰 차이가 있었다는 기록이 있는 것과 근거지에서의 의료 및 위생정책의 이념을 감안하면, 그 주안점은 중국의학 의사(산파 포함)의 '과학화'와 서양의학 의사의 '대중화'에 있었다고 보는 편이 옳을 것이다.

이러한 움직임 속에서 중앙정부 위생부는 「의원진소관리 잠행조례醫院診所管理暫行條例」(1951년 1월 19일), 「의사 잠행조례醫師暫行條例」(1951년 4월 18일)에 따라 의사와 병원의 제도화를 실현하는 동시에 「종두 잠행판법種痘暫行辦法」(1950년 10월 12일) 등 위생 관련 법령을 정비했다.

1950년대 초기에는 각종 의료보험제도가 도입되었다. 1951년에는 정부기관과 대학생, 농촌의 혁명상이군인 등을 대상으로 공비의료제도가 도입되었고, 도시의 국유기업 노동자와 정년퇴직자, 그 부양가족을 대상으로 하는 노동보험제도 역시 1951년부터 시행되었다. 앞에서 언급한 샹양전구의원의 비용 부담 형태는 이러한 제도 도입을 기초로 한 것이었다. 또한 농촌합작의료제도는 '산간닝 변구'에서의 의약합작사에서 그 연원을 찾는 것이 일반적으로, 1950년 도입되어 1956년부터 고급 합작사에서의 노동재해와 질병에 대한 보장이 시작되었다.

한국전쟁과 애국위생운동

한국전쟁이 중국의 정치, 특히 사회주의화에 미친 영향은 대단히 컸다(奧村哲, 1999). 마오쩌둥은 1953년 6월, 10~15년 내에 사회주의화를 완수한다는 방침을 제시하고, 소련으로부터 기술 협력을 받아 상공업의 국영화와 중화학공업 육성을 추진한다는 계획을 세웠다. 이와 더불어 농촌에서는 급속한 집단화가 추진되었다. 그 배경에는 국민정부의 자원위원회 활동이 사실상 중화인민공화국에 계승되어 전문적인 참모진이 계획경제와 중화학공업화 등에 긍정적이었던 점, 삼반오반三反五反 운동을 통해 엄격한 경제 통제가 추진되었던 점이 있었다(加藤弘之·久保亨, 2009: 215~219).

한국전쟁이 미군의 본격적인 개입과 중국군의 참전으로 교착상태에 빠져 있던 1952년 2월, 미군기가 안둥安東, 푸순撫順, 펑황청鳳凰城에 곤충을 살포하고 세균전을 실행했다는 보도가 나왔다. 이러한 가운데 푸롄장[20]은 중화의학회中華醫學會가 방역 대책을 추진할 것을 제기했다(傅連暲, 1953: 52~53).

1952년 9월 17일 자 ≪인민일보人民日報≫에는 「조선과 중국의 세균전 실태에 관한 국제과학위원회 보고서(1)」가 실려 저우언라이를 주임으로 하는 중앙애국위생운동위원회가 설치되었다. 중국 정부는 미군의 세균전 관련 자료를 사진을 첨부해 공개했는데, 국제적십자 세균전조사

---

20 푸롄장(1894~1968)은 푸젠성(福建省) 출신으로 난창봉기 때부터 공산당군에 협력하고, 장정에 참가했다. 1938년 중국공산당에 입당했고, 중화의학회 회장 등을 역임했다.

위원회 조사를 받아들이는 것은 거부했다(神谷不二, 1966/1990: 166).[21]

미군이 세균전을 실시했다는 캠페인을 계기로 애국위생운동이 일어나고 위생행정이 재편되었는데, 이는 공산당 정부의 통치권력을 중국 사회에 침투시키는 데 대단히 중요한 역할을 했다.

1950년대 이후 지방정부의 공문서는 그 일부가 이미 공개되었는데, 애국위생운동의 상황을 1차 자료에 기초하여 분석할 수 있게 되었다. 여기에서는 자료 공개가 추진되고 있는 상하이의 사례를 소개해보겠다.

중공중앙애국위생운동위원회가 세균전을 이유로 애국위생운동을 발동하자, 상하이시에서도 애국위생운동위원회가 설치되고 관할하의 30개 구 및 수상水上 지구마다 분회가 조직되어, 거주민 조직과 공장, 학교, 기관에도 애국위생운동을 위한 조직이 설치되었다.

이러한 가운데 1953년 2월이 '춘계 돌격월突擊月'로 규정되어 운동 고양이 추진되었다. 그런데 실제로 행해진 것은 청결 대청소이며, 운동은 쥐와 모기를 없애는 운동과 연계되어 추진되었다. 1954년에는 이농里弄[22]을 단위로 하는 애국위생공작대가 조직되고, 세균전에 대한 대응과 동시에 장티푸스 등의 예방, 주변 농촌의 환경 개선, 배수 관리, 약물 살포가 실시되었다.[23]

---

21 실제로 세균전이 실시되었는지 여부를 놓고 와다 하루키(和田春樹)는 중국 측의 세균전 캠페인을 정치적인 것으로 보는 것이 타당하다고 주장했다(和田春樹, 2002: 363).

22 이농이란 상하이의 골목을 가리키는 말이다.

23 상하이시 위생국 의료예방처(上海市衛生局醫療予防處), 「상하이시 애국위생운동 3년 업무보고(上海市愛國衛生運動三年來工作報告)」, 상하이시 당안관(上海市檔

이 시기 상황을 조금 더 상세하게 살펴보겠다. 돌격월 기간의 개요를 보고한 「상하이시 애국위생운동 춘계 돌격월 업무총결上海市愛國衛生運動 春季突擊月工作總結」에 따르면, 애국위생공작대 대원은 거주민 소조에서 선출된 위생 간사가 충당하고, 지회支會는 1,141개, 위생소조가 1만 5,675개, 각 단위의 운동위원회가 4,492개, 이농·향진鄉鎭 애국위생공작대는 3,206개로 집계되었으며, 이러한 조직이 계속 설립되었다. 관계 회의는 9,571회(참가 간부 인원은 41만 2,436명), 대중을 동원한 운동이 이루어진 것은 9,150회에 달했다. 마오쩌둥의 지시로 강연 공작대가 조직되어, 선전 활동에 25만 명 이상이 참가했고, 라디오 방송은 100만 명이 청취했으며, '반反세균전' 슬라이드를 본 사람은 83만 명에 달했다.[24]

이농里弄에서 애국위생대 조직은 공작대 3,982명, 대원 약 3만 3,000명으로, 선전공작을 위한 기층조직으로서 각 이농마다 공작대를 조직하고, 정부正副 대장을 각 1명씩 두는데 이때 거주민위원회 부위원장이 정대장, 위생위원회 부위원장이 부대장이 되었고, 대원은 5~9명이었으며, 대원이 9명 이상일 때는 분할했다. 또한 반세균전 훈련을 실시했는데, 이 교육에 개업의開業醫 혹은 기관 위생공작 담당자, 경험이 풍부한 중국 의학 의사와 간호사도 참여시킬 수 있게 했다.[25]

案館) 소장, 『상하이시 위생국의 상하이시 애국위생운동 3년 업무보고(上海市衛生局關于三年來工作報告)』.

24 상하이시 당안관(上海市檔案館) 소장, 「상하이시 애국위새운동 춘계돌격월 업무총결(上海市愛國衛生運動春季突擊月工作總結)」, 『상하이시 1953년 애국위생운동 업무의 총결(上海市1953年愛國衛生運動工作的總結)』.

25 상하이시 당안관(上海市檔案館) 소장, 「상하이시 이농 애국위생공작대의 조직과

이상과 같은 행정문서만 놓고 볼 때, 세균전에 대한 대응은 명목상으로는 항상 등장했지만 구체적인 활동으로는 청소가 중심으로 가로와 공장 변소 개조, 환경위생, 모기와 파리 박멸 및 개인위생 환기 등이어서, 보고서에서는 그 정도의 절박감이 느껴지지 않는다. 동원하는 측이나 이에 응하는 측 모두 애국위생운동의 캠페인적인 요소를 이해하고 있는 느낌이 있다.

그러나 애국위생운동 과정에서 대중 동원을 통한 기층사회의 조직화가 추진된 것은 틀림없다. 1950년대 초에 기층에서의 통치기구 재편을 위해 중국의 전통적 주민조직인 보갑제도保甲制度[26]를 폐지하고 거주민위원회가 조직되었다. 거주민위원회는 정식으로는 가도거민위원회街道居民委員會로 불렸고, 경찰의 호적 관리 구분에 따라 시가지에서는 500~800호, 교외에서는 400~600호마다 설치되어, 가도판사처街道辦事處의 감독을 받았다. 위원회 간부는 선거로 선출하고, 분쟁 조정, 치안 유지, 공중위생을 뒷받침하는 말단 조직이 되었다. 주부와 노인 등 학교와 기업에 소속되지 않은 주민의 조직화를 담당하는 동시에 상호 감시적인 역할도 수행했다.

상하이에서는 1952년에 「상하이시 거민위원회 조직 잠행판법上海市居

훈련(上海市里弄愛國衛生工作隊的組織與訓練)」, 『상하이시 1953년 애국위생운동 업무의 총결(上海市1953年愛國衛生運動工作的總結)』.

26 송대 이래의 인보제도(隣保制度)로, 연원은 왕안석(王安石)의 「보갑법(保甲法)」으로 올라간다. 명대에는 10호(戶)를 1갑(甲)으로 하여 연좌의 단위로 삼았다. 청대인 1708년에 「보갑조례(保甲條例)」가 제정되고, 10호(戶)를 1패(牌), 10패를 1갑(甲), 10갑을 1보(保)로 삼았다.

民委員會組織暫行辦法」(초안)이 제정되어, 3,000명 정도 범위에서 거민위원회를 조직하고, 거민 대표회의는 주임 1명, 부주임을 1~3명(이상에는 반드시 여성을 포함하게 함)으로 하며, 치안보위위원회·문교위원회·위생위원회·조정위원회·복리위원회를 두고, 10~20호를 단위로 거민소조를 두었다. 이는 정치의식을 높이는 동시에 치안, 위생, 문화교육, 조정, 복리를 담당하는 조직으로서 1954년 12월의 제1기 전국인민대표대회 상무위원회 제4차 회의에서 정식으로 채택되었다.[27]

중국공산당은 애국위생운동이라는 대중 동원형 운동을 지렛대로 삼아 전국적으로 위생행정 정비를 추진했다. 1953년 1월 정무원政務院은 위생방역참衛生防疫站을 설치할 것을 결정하고, 1953년 12월에 제3차 전국위생회의(베이징)를 개최했다. 1954년 11월에는 중앙인민정부 위생부를 중화인민공화국 위생부로 개칭했으며, 1955년 7월 5일에는 「전염병관리 판법傳染病管理辦法」을 공포하고 위생의 제도화를 추진했다.

1950년대 중반이 되자, 중국의학과 서양의학 간 논쟁이 재연되었다. 동북인민정부 위생부장으로 중앙인민정부 위생부 부부장을 겸임했던 왕빈王斌은 중국의학을 없애고 의료 및 위생의 근대화를 이루어야 한다고 주장했다. 그러나 주젠朱健이 《중화의학잡지中華醫學雜誌》 1955년 4월호에 왕빈을 비판하는 논문을 싣고, 같은 해 8월 22일 《인민일보》에도 그러한 논문이 실리자 중국의학의 지위는 확보되었다. 이것은 위

---

27 「1952년 상하이시 거민위원회 조직판법초안(1952年上海市居民委員會組織暫行辦法草案)」, 상하이시 당안관(上海市檔案館), 《檔案與歷史》(1998年 6月).

생행정을 재편하면서 중국의학을 의료 및 위생의 제도화에 적극적으로 동원하고자 한 움직임의 일환이었다. 그러나 크로이저(Ralph C. Croizer)는 이것이 단순한 학술적 논쟁이 아니라 동북의 실권을 잡고 있던 가오 강高崗[28]의 실각을 초래한 것이라고 지적했다(クロイツァー, 1994: 182~188).

1950년대 중국공산당은 소련의학을 도입하고, 중국의학과 서양의학의 합작, 의사의 대량 양성 등 의료제도 구축을 추진했다. 또한 급속한 농업 집단화와 기업의 사회주의개조의 진전으로, 농산물의 통일적인 매수와 판매라는 식량관리제도(1953년)와 등급임금제도(1956년), 호적등기조례(1958년) 등이 제정되어 인민공사와 국영기업이 생산의 기본 단위인 동시에 생활을 위한 단위로 자리매김했다(嚴善平, 2009: 9~11).

'송온신(送瘟神)'

일본주혈흡충증 대책

이 시기 여러 분야의 일본인 학자가 중국을 방문했다. 의료 및 위생사업 시찰단도 그러한 방문단의 하나로 의료 및 위생행정과 애국위생운동을 시찰했다. 중국공산당이 일본인 학자를 초빙한 이유에 사회주의화의

---

28 가오강(1902~1954)은 '산간닝 변구' 창설의 공로자이며, 동북인민행방군 제1부사령관, 당 동북국(東北局) 주석으로서 동북 지방의 실권을 장악했는데, 반당 활동을 했다는 이유로 실각하여 자살했다.

진전을 선전하는 목적이 있었던 것은 말할 필요도 없다. 또한 당시 세계
보건기구 등을 통한 정보수집이 불가능했기 때문에 이러한 학자를 초빙
함으로써 그것을 보완하려는 의도도 있었던 것으로 보인다.

　1950년대 중국을 방문한 몇몇 일본인 학자를 소개하겠다. 1955년 12
월 도쿄대학 전염병연구소 교수인 삿사 나라부佐々學[29]는 저우언라이
총리와 회견하고 일본주혈흡충증[30]의 피해 상황을 알게 되었으며, 장쑤
성江蘇省 주혈흡충증예방처 등의 기관을 견학했다. 이들의 중국 방문은
후술하는 고미야 요시타카小宮義孝가 중국을 방문하는 계기가 되었다.

　니가타대학新潟大學 의학부 교수인 오쓰루 마사미쓰大鶴正滿[31]도 1957
년 5~6월 제3차 방중의학사절단에 참가해 중국을 방문했다. 이때 오쓰
루 마사미쓰는 중국의 위생행정이 거민위원회-위생소조-각 호의 횡적
행정계통에 의해 추진되는 모습을 보고, "이 운동은 강력한 전국 조직의

29　삿사 나라부(1916~2006)는 도쿄제국대학 의학부를 졸업한 이후 단기 현역장교로
　　해군 군의학교에서 말라리아 연구를 추진하고, 전후 도쿄대학 전염병연구소 교수
　　가 되었다(飯島涉, 2005: 212~213).

30　20세기 초 기생충(桂田富士郎, 1867~1946)과 그 중간숙주(宮入慶之助, 1856~1946;
　　鈴木稔, 1885~1948)가 발견되어 병명에 '일본'이 덧붙여졌다. 그 외에 빌하르츠주
　　혈흡충(Schistosoma haematobium) 만손주혈흡충(Schistosoma mansoni) 등이
　　있는데, 모두 발견자의 이름이 덧붙어 있다. 일본주혈흡충증은 중국과 필리핀에서
　　도 유행했는데, 그 이름 때문에 일본군이 이것을 가져왔다는 말이 유포되었다.

31　오쓰루 마사미쓰(1916~2008)는 타이베이 고등학교를 거쳐 타이베이제국대학 의
　　학부에 진학했고, 삿사 나라부와 거의 같은 경로로 단기 현역장교로서 육군에 들
　　어가, 말라리아 연구에 종사했다. 전후에는 복원(復員) 말라리아의 연구를 추진했
　　고, 니가타대학 의학부 교수를 거쳐 류큐대학 의학부 교수가 되었다.

형태로 전개되고 있으며, 마치 우리나라의 전쟁 이전 및 전쟁 중의 위생조합 활동을 대단히 강력하게 느끼게 하는, 상의하달식 행정 가운데 있는 운동이라 말할 수 있다"라고 밝혔다(大鶴正滿, 1958).

오쓰루 마사미쓰
자료: 2004년 필자 촬영.

일본주혈흡충증은 일본주혈흡충이라는 기생충이 온코멜라니아oncomelania라는 달팽이의 체내에서 성장해 경피감염을 하는 기생충병이다. 1950년대에는 양쯔강 유역의 장쑤, 저장, 장시, 후베이, 후난, 쓰촨, 그리고 푸젠, 광둥, 윈난 등지에서 유행했으며, 환자 수는 약 3,000만 명으로 추산되었다.

장쑤성의 사례를 소개해보겠다. 칭푸현靑浦縣 롄성향蓮盛鄉 런툰촌任屯村은 일본주혈흡충증으로 인구가 감소해, 1950년대 초에는 주민 461명 가운데 97.3%가 병에 걸린 상황이었다. 상하이 근교에서는 우쑹吳淞, 장완江灣, 전루眞如, 룽화龍華, 신징新涇 등 5개 지구에서도 유행했고, 9개 현 212개 인민공사, 진중鎭中의 159개 인민공사, 1,558개 생산대대生産大隊에서도 일본주혈흡충증이 유행했다(編纂委員會 編, 1998: 292~293).

1995년 말, 중국공산당 상하이시 위원회, 현縣 위원회, 향鄉·진鎭 위원회는 이러한 상황을 타개하고자 각각 7인, 5인, 3인의 주혈흡충증위원회를 설치했다. 또한 「전국농업발전요강全國農業發展要綱」에 기초하여 농민의 건강 유지와 농업합작사 운동의 진전을 실현하기 위해 일본주혈흡충증을 소멸하라는 마오쩌둥의 지시가 나와, 1956년 1월 22일 "주혈흡

고미야 요시타카

충증을 철저하게 없애라"는 제목의 사설
이 ≪인민일보≫에 실렸다.

샷사 나라부가 중국을 방문한 것은 마
침 그러한 시기였는데(佐々學, 1960: 149~
152), 이것을 계기로 당시 후생성厚生省 예
방위생연구소 기생충부장이었던 고미야
요시타카小宮義孝[32]를 단장으로 하는 일본
주혈흡충증 연구단이 중국을 방문했다.
고미야 요시타카는 전쟁 이전 상하이 자연과학연구소에서 이 병의 연구
를 추진한 적이 있었기 때문이다(小宮義孝, 1949: 46~50).

고미야 요시타카는 독일의 함부르크 열대의학연구소에서 연구했던
때부터 오래 알던 사이인 중후이란鐘惠瀾, 장쑤성 주혈흡충증예방처장
샤오룽웨이蕭榮煒와 함께 조사 및 연구를 추진하고, 일본주혈흡충증 대
책에 관한 의견서를 중국공산당 정부에 제출했다.[33] 이 의견서의 내용
은 여러 방면에 걸쳐 있는데, 중국 정부가 추진했던 대책은 치료에 중점

---

32 고미야 요시타카(1902~1984)는 일고(一高)를 다니고 도쿄제국대학 의학부에 입
   학하여 재학 중부터 신인회(新人會)와 인보사업 활동에 참가했다. 또한 구니자키
   테이도(國崎定洞)의 영향을 받아 사회의학연구회를 조직했다. 이후 도쿄제국대학
   위생학교실의 조수가 되었는데, 3·15사건에 연루되어 검거되었다. 그 이후 상하이
   자연과학연구소에서 기생충병 등을 연구하고, 전후에는 마에바시의과대학(前橋醫
   科大學) 교수와 예방위생연구소 기생충부장을 역임했다. 그에 관한 기록은 飯島涉
   (2006b)를 참조하기 바란다.

33 고미야 요시타카(小宮義孝), "중공의 주혈흡충증 방치대책에 대한 의견서(中共の住
   血吸虫病防治對策に對する意見書)", ≪日本醫事新報≫, 第1711号 (1957年 2月 9日).

을 두는 것에 지나지 않으며 예방에 중점을 두어야 한다는 것이었다. 그리고 예방을 위한 방제법으로 환경 개선, 특히 돌담 구축법, 콘크리트 구축법, 늪과 못, 습지대 간척을 제안했다. 고미야 요시타카가 추천한 방법은 1951

대중 동원의 모습

자료: 中共中央南方十三省,市,區血防領導小組判公室(1978).

년부터 일본, 특히 야마나시山梨에서 시도되었던 급·배수 도랑의 콘크리트화를 통한 온코멜라니아의 구제驅除였다(飯島渉, 2006b).

중국공산당이 고미야 요시타카의 의견서를 그대로 받아들였던 것은 아니다. 온코멜라니아 대책을 추진한 것은 사실이지만, 대중 동원을 통한 '수개한水改旱'[34]의 방침 아래 환경 개선과 약물 이용을 통한 구제를 실시했다.

애국위생운동, 그리고 대중 동원에 의해 추진된 온코멜라니아 대책은 어느 정도 성공을 거두었고, 일본주혈흡충증은 강남江南 등에서는 상당한 수준으로 억제되었다. 이러한 가운데 장시성 위장현余江縣에서 취한 대책이 성공하면서 마오쩌둥은 1958년 7월에 '송온신送瘟神(역병 귀신을 몰아내고 — 옮긴이 주)'이라는 시를 지었다.

---

34 수개한이란 원래 수생(水生) 작물을 경작했던 밭을 날씨가 가물어도 성장할 수 있는 한생(旱生) 작물을 심는 밭으로 바꾸는 것을 의미한다. _ 옮긴이 주

송온신送瘟神³⁵

제1수

녹수청산이 많아 봐야 무슨 소용이 있는가	綠水靑山枉自多
화타도 작은 벌레를 어찌할 수 없었더라	華佗無奈小蟲何
황폐한 마을에는 허탈한 사람들뿐이요	千村薛蘁人遺矢
집집마다 스산하게 귀신이 노래 불렀다네	万戶蕭疎鬼唱歌
땅에 앉아 하루에 팔만 리를 달리고	坐地日行八万里
하늘을 따라 돌며 천 개의 강을 바라볼 때	巡天遙看一千河
견우가 온역신의 사정을 묻는다면	牛郞欲問瘟神事
슬픔도 즐거움도 물결 가는 대로 흘렀다 하리라	一樣悲歡逐逝波

제2수

수양버들 천신만실 봄바람에 나부끼고	春風楊柳万千條
신주(중국)의 6억 인민 저마다 순임금, 요임금일세	六億神州盡舜堯
붉은 비는 마음 따라 흘러가며 물결을 이루고	紅雨隨心翻作浪
푸른 산은 뜻대로 다리가 되는구나	靑山着意化爲橋
하늘에 닿듯이 오령(남방)에 은 괭잇날 떨어지고	天連五嶺銀鋤落
쇠팔뚝을 휘두르니 삼하(북방)가 요동치네	地動三河鐵臂搖

---

35 이 시와 관련된 자세한 내용은 다음을 참고하기 바란다. 모택동 지음, 장성만 편역,
『노래하듯 이야기하고 춤추듯 정복하라』(서울: 다산책방, 2007), 188~197쪽. _ 옮
긴이 주

문건대 온역신아, 어디로 가려 하느냐　　　　　　　借問瘟君欲何往

종이배, 밝은 촛불 하늘을 비추며 타오른다　　　　　紙船明燭照天燒

※ 출처: 武田泰淳·竹內實,『毛澤東: その詩と人生』(文藝春秋新社, 1965年).

중국의학사에서 최고의 명의로 간주되는 화타華佗마저도 어찌할 바를 알지 못했던 작은 벌레를 신주神州의 6억 백성, 즉 중국 인민이 모두 순舜과 요堯와 같이 땅을 흔듦으로써 극복했다는 이 시는 대중 동원의 성과를 노래한 것이다. 또한 대중 동원에 기초한 감염증 대책을 사회주의 건설의 실례로서 선전한 것이다.[36]

'맨발의 의사'

1950년대 초, 의료 및 위생의 제도화가 진전되어 감염증의 발생과 유행은 많이 억제되었다. 마오쩌둥이 "합작의료는 훌륭하다"라고 말하자 합작의료제도는 맹렬한 파도처럼 전국에 퍼졌다. 그러나 의료 및 위생 행정은 각 시기 정치와 대단히 밀접하게 연결되어 대약진과 문화대혁명의 시기에는 '맨발의 의사赤脚醫生'로 상징되는 대중노선이 강조되었다.

1978년에는 '맨발의 의사'가 약 480만 명에 이르렀고, 합작의료도 거

36　중국에서 일본주혈흡충증 대책은 장쑤성 등에서는 성공했지만, 양쯔강 중류 유역과 쓰촨성, 윈난성 등에서는 현재도 큰 문제가 되고 있다. 둥팅호(洞庭湖) 증수로 연안 일부가 잠기고 온코멜라니아가 생식하는 데 매우 좋은 환경이 된 것도 원인으로 지적되고 있으며, 1988년의 양쯔강 대홍수로 일본주혈흡충증이 급속하게 확대된 것도 한 가지 원인이다. 현재 문제가 되고 있는 것은 싼샤(三峽)댐 건설로 일본주혈흡충증 유행 지역이 확대될 위험성이다(松田肇·桐木雅史, 2004: 77).

맨발의 의사

의 90%의 생산대대를 망라했다(張建平, 2006: 33~34). 그 상황을 조금 더 상세하게 살펴보겠다. '낙원공사 두가촌 위생실樂園公社杜家村衛生室'의 규정에 따르면, 농민은 매년 1위안의 의료비를 내고, 공익금으로부터 1인당 5자오角를 합작의료 기금으로 하며, 5편份의 수수료를 지급한다면, 약품비는 기본적으로 무료로 했다. 또한 '3토(土醫, 土藥, 土藥房)'와 '4자(自種, 自栽, 自制, 自用)'를 통한 의료에서의 자력갱생 노선이 추구되었다. 이를 위한 자금은 인민공사의 구성원으로부터 납입된 정액의 보건비와 공익금으로 충당했다. 이리하여 합작의료제도가 중국의 농촌을 거의 포괄하는 상황이 되었다. 이것은 중국의 의료 및 위생의 역사에서 획기적인 것이었다.[37] 의료 및 의생제도의 근대화, 특히 중국 농촌의 출산의 근대화에서 여성 '맨발의 의사'의 역할은 컸다(小浜正子, 2000: 197~198).

각지의 상황은 서로 달랐는데, 예를 들면 저장성 위야오현余姚縣에서는 1960년대에 합작의료가 별로 진전되지 않았다. 그러나 1970년대에

---

37 왕원량(王文亮)은 이 시기까지 확립된 의료보험제도 등의 사회보장제도가 일정한 역할을 수행했다는 것을 인정하면서도, 도시 주민과 농촌 주민에게 각각 실시된 사회보장이 각 지역 내에서는 평등하지만 도시와 농촌 간 이중 구조로 이루어져 도시와 농촌 간 사회보장은 불평등했다고 지적했다(王文亮, 2004: 40~41).

급속하게 진전되어, 1972년에 약 800개의 생산대대 가운데 합작의료를 도입한 곳이 겨우 214개, 달성률은 16% 정도에 그쳤는데, 1976년에는 785개의 생산대대에서 합작의료를 도입했고, 실시 실적은 97%에 달했다. 합작의료는 관리위원회가 운영하고 기본 경비는 각 생산대대의 공익금에서 지출되었다. 그러나 1976년 단계에서 3분의 1의 생산대대가 경비를 부담할 수 없게 되어 운영상 문제가 뚜렷하게 나타났다(韓俊·羅丹 外編, 2007: 159~161).

의료 및 위생의 제도화 범위는 병의 치료에 그치지 않고 예방, 보건, 재활 등 대단히 넓다. 또한 의사와 간호사의 양성, 나아가 의학연구도 이에 포함된다. 사회주의화 과정에서 중국은 대중 동원을 통해 기본적인 의료 및 위생사업의 네트워크를 구축하고, 도시에는 시와 구의 의원 및 가도문진소街道問診所, 농촌에는 현의원縣醫院, 향(진)위생원鄕[鎭]衛生院 및 촌위생실村衛生室의 체제를 구축했다.

이러한 중국 사회주의가 추진한 의료 및 위생행정의 전개는 때때로 방중단의 일부 보고서에서는 대단히 높이 평가되었다(中國醫學研究會編, 1972). 이는 일본뿐 아니라 구미에서도 마찬가지였다.[38]

이상과 같이, 사회주의화가 추구한 시기의 중국의 의료 및 위생의 제도화는 예방의학의 중시, 애국위생운동으로 상징되는 대중 동원, 중국의학과 서양의학의 통합을 그 특징으로 했다.

---

38   J. S. Horn, 『맨발의 의사와 함께: 영국인 의사가 본 중국 의료 15년(はだしの醫者とともに: イギリス人醫師のみた中國醫療の十五年)』, 香坂隆夫 譯(東方書店, 1972).

그런데 실제로는 문제도 많았다. 그 한 가지는 도시와 농촌의 의료 서비스 격차였다. 또한 의료비의 자기 부담이 거의 없었던 탓에 비용 감각이 결여된 것도 문제였다. 농촌 합작의료제도에서는 의료비가 고액이면 실제로는 치료를 할 수 없었다. 인민공사의 간부와 그 가족은 의료 서비스와 의약품 공급 측면에서 우대받는 일이 가끔 있었고, "대중이 돈을 내고 간부가 약을 먹는다"라든지 "대중은 약초를 받고, 간부는 양약을 얻는다"라는 말로 상징되는 바와 같이, 농민이 실제로 느끼기에 합작의료는 만족스럽지 못했다. 합작의료는 계속 적자를 냈고, 지출의 결정권을 지닌 간부와 그 친족을 우대했기 때문에, 일반 농민에게 합작의료란 '간부의 복리후생을 부담하는 제도이며 세금과 같다'는 불신이 생기게 되기도 했다. 이것은 현재에도 새로운 형태의 합작의료에 대해 소극적인 태도를 만들어내고 있다.

그러나 중국 사회주의는 개발도상국의 의료제도 개혁의 모델이 되었다. 역설적으로, 「알마아타 선언」에서 중국의 의료제도가 모델이 된 1978년은 그러한 제도가 붕괴되고 개혁·개방정책이 채택된 해였다.

인민공사의 수입으로부터 합작의료를 위한 경비가 공제되었던 시기에는 불완전하나마 제도가 존속되었지만, 생산청부제 도입 이후에는 합작의료 운영을 위한 경비를 각 호로부터 징세할 수 없게 되어, 합작의료제도도 붕괴되었던 것이다(王文亮, 2004: 497~498).

제3장

사회주의혁명과 생활보장
계획경제 시기의 계속과 모순

사회주의혁명 이전의 생활보장

중화민국 시기의 생활보장: 상하이의 사례

생활보장이라는 측면에서 보면, 이미 왕조 시대부터 선당善堂 등의 전통적인 상호부조제도와 사회구제사업이 발달했다. 이에 관해서는 명·청 시기를 중심으로 하는 선당의 활동에 관한 후마 스스무의 연구(夫馬進, 1997), 근대 상하이를 중심으로 하는 사회사업에 관한 고하마 마사코의 연구(小浜正子, 2000)가 있다. 또한 최근에는 중국 대륙의 연구자도 이러한 조직의 활동에 주목하고 있다. 다만 이러한 지연, 혈연, 업연業緣을 기반으로 한 자선사업과 호조互助 조직은 구제의 대상으로서 각각의 연줄에 연결된 자들을 상정했다. 그 범위는 대단히 유연했지만, 어디까지나 공급 측의 '사덕私德'의 연장이었고, 공민公民이 차별 없이 구제를 받는 '권리'를 보장하는 것은 아니었다. 또한 구제 대상에는 도덕적인 기준이 설정되어, 자선에 의한 사회교화라는 목표가 제시되는 것도 적지 않았다. 나아가 자선사업으로서의 생활보장은 지연, 혈연, 업연 집단의 경제력 및 사업 주체의 자산(주로 토지, 부동산[1])의 수익 능력을 반영했기 때문에 지역에 따라 큰 차이가 있었다.

중화민국 시기에는 이러한 자선단체와 결사의 활동을 정부가 통제·관리하려는 움직임을 보였다. 1927년 10월에 당시 상하이 정부 공익국公益局[2]은 「상하이 특별시정부 공익국에 의한 자선기관의 감독에 관한 잠정조례上海特別市政府公益局監督慈善機關暫行條例」를 공포하고 이어서 「상하이 특별시에서의 공익단체 등록에 관한 잠정규정上海特別市公益團體注冊暫行規定」을 제정함으로써 이러한 민간 단체를 통한 사회구제사업에 참가·간섭하고자 했다(汪華, 2003: 62). 나아가 1930년부터 1931년에 걸쳐 시정부 사회국社會局은 사회단체에 관한 대규모 조사를 시행하고 이러한 조직에 대해 재무 기록을 공개할 것을 의무화했다(Henriot, 1993: 219).

1920년대부터 1930년대에 걸쳐 상하이시 정부는 다양한 생활보장사업에 나섰다. 주된 것으로는 실업자 대상 직업 소개, 빈민층 대상 주택 건설과 소액대부, 일반 노동자 대상 사회보험을 들 수 있다. 1928년에 사회국이 설립되자 시는 실업자 등기를 시작하는 동시에 시의 총상회總商會, 자베이閘北 상회 등 대규모 상회와 공동으로 '실업직공소개소'를 설

---

1 동선회(同善會)에서는 출자자가 기부한 토지, 부동산의 지대에서 일상 경비를 염출하는 것이 통례였다(尙曉援·伍曉明, 2008: 32).

2 상하이시 공익국은 1928년에 사회국으로 바뀌어 상하이시의 사회보장정책을 담당하는 주요 정부 부서가 되었다(汪華, 2003: 62).

립하고 실업자 구제에 나섰다. 또한 1932년 3월부터는 사회국과 공안국公安局이 시 상회와 협력해 '상하이 전구실업구제회'를 조직하고 실업자 등록과 직업 소개를 실시했다.

빈곤층 대상 주택 건설과 관련해서는 1929~1931년 3개소에 '평민주소平民住所'를 건설하고, 연인원 2만 4,000여 명의 빈민에게 염가로 임대 거주지를 제공했다. 사회국은 '평민주소'의 임대료마저 내지 않는 극빈층에 대해 집세의 분할 납부를 인정했다. 나아가 1935년에 시 정부가 새롭게 100만 위안을 조달해 '평민신촌平民新村'을 4개소에 건설하고, 이듬해 초까지 600여 세대가 입주했다고 한다(汪華, 2003: 67~68).

'평민주소' 건설에는 빈민층에 대한 소액대부(빈민차본貧民借本)사업도 들어가 있었다. 이미 1929년 4월부터 사회국 관할 아래 정식으로 빈민을 위한 소액대부사무소인 빈민차본처貧民借本處가 난시南市와 자베이에 문을 열었는데, 앞서 언급한 3개소의 '평민주소'에는 해당 시설의 주민 전용 대부 창구가 부설되었다.[3] 다만 이 대부제도를 이용하는 데에는 상환이 지체될 때의 보증인이 필요했으며, 차입금을 구체적인 생산 활동에 쓰지 않으면 안 되었다.[4] 그럼에도 1930년부터 1935년까지 6년간 누계로 '평민주소'의 주민이 차입을 행한 횟수는 연인원 6,701명, 1인당

---

3   차입금액에는 합계로 하한(5위안)과 상한(20위안)이 설정되었다. 상환 시에는 5일 간 다섯 차례 분할해서 납부하도록 정해졌다. 농촌지역에서는 상한을 5위안으로 상환은 10회 분할 납부하도록 정했다(Henriot, 1993: 226~227).

4   따라서 빌리는 사람은 노천상과 영세공이 많았다. 고기와 과일을 파는 판매대와 양말 제조가 차입의 48%를 차지했고, 그 외에는 지역에 따라 물고기 판매와 완구 판매 등 다른 특징이 있었다(Henriot, 1993: 227).

1.7회를 넘고, 빈민차본처의 수도 13개소까지 늘어났다.

사회보험과 관련해서는 1928년에 시 정부의 농공상국農工商局이 각 공장에 대해서 종업원을 대상으로 한 저축 부문인 공우저축부工友儲蓄部를 부설해 기업 내 적립을 하게 하여 실업과 질병, 노후에 대비하도록 했다. 1932년이 되자 사회국은 노사 쌍방이 임금의 5%를 거출해 저축회貯蓄會를 설립하는 것을 의무화했다. 또한 그 전후에는 시 정부 내부에도 모든 부서에 개별의 종업원 저축보험을 설립했다(汪華, 2003: 65).

그러나 상하이시와 같은 시책이 중국 전역에서 보편적으로 실현된 것은 아니었다. 인구의 대다수를 차지하는 농촌에서는 친족과 지연의 상호 보조輔助와 그로부터 파생된 전통적인 자선사업이 중심이었으며, 상하이시에서도 대부분 시 정부는 빈민과 병자를 자선단체로 인도했다. 공안국은 매일 거지와 홈리스인 여성과 아이를 모으고, 사회국이 운영하는 구제소와 교양소敎養所(쇠락자를 향한 시양소施養所)에 보냈다. 그러나 이러한 시설은 수용 능력에 한계가 있었기 때문에, 겨울철에는 자선단체가 여는 비한소庇寒所, shelter와 죽창粥廠(무료식당)에 의존할 수밖에 없었다. 특히 주변 지역이 정치불안과 자연재해에 봉착하게 되면 대량의 난민이 자주 상하이로 유입되었는데, 그러한 사태에 대해 시 정부는 지연, 혈연, 업연에 기초하여 민간조직과 자선단체에 협력을 바라면서 난민의 구제와 귀향 지원에 나섰다.[5]

---

5   1929년 시 정부는 복수의 기선(汽船) 회사와 교섭하여 귀향을 희망하는 난민에게 무료 승선 서비스를 제공했다. 또한 1931년에 양쯔강에 홍수가 일어났을 때 시 사회국은 다양한 민간단체의 활동을 연대·조정하기 위해서 수용판사처(收容辦事處)

계획경제 시기의 사회보장

담당자의 교체: 민간에서 정부로

중화인민공화국이 들어서고 계획경제가 시행되면서 앞서 말한 전통적 자선단체와 상호부조 조직은 기능 부전에 빠졌다. 농촌에서는 부유층과 혈연집단(종족 등)이 토지와 재산을 몰수당해 생활보장을 제공하던 재정 기반을 잃었다. 농업생산합작사로부터 인민공사로 농촌 집단화가 추진되는 가운데 생산과 배분의 권한은 각 가정에서 '생산대대'와 '생산대'로 이전되어 기층의 생활보장을 담당하는 새로운 주체가 되었다. 이를 제도적으로 뒷받침한 것이 1956년 「고급농촌생산합작사 시범장정」에서 공포된 '농촌 5보제도五保制度'이다. 5보란 몸을 의지할 곳이 없는 고령자, 고아, 미망인, 장애인에게 ① 식료, ② 의복, ③ 연료, ④ 교육(미성년 대상), ⑤ 장의葬儀 등 다섯 가지 보장을 제공하는 생활보장이었다. 1960년에는 「1956~1976년 전국농촌발전강요」에 따라 5보의 급부는 대상 주민이 소재한 지역의 생활수준을 하회하지 않는다고 규정되었다(鍾家新, 2008: 83)

도시에서도 생활보장 담당자가 민간의 지연, 혈연, 업연 집단과 자선단체에서 해당 지역 정부로 전환되었다. 민간단체의 기반이었던 부동산

를 설치했다. 이때 시 정부는 2개소에 난민 수용시설을 건설하여 세 끼 식사를 무료로 제공했다. 민간단체는 이 사업에 6만 위안을 기부했는데, 이 금액은 시 정부에서 출자한 금액인 5만 위안보다 많은 것이었다. 또한 동업조직인 제조창동업공회는 시설 건설에 필요한 물자를 거출했다(Henriot, 1993: 219~221).

과 회원의 기부는 사영 상공업자의 사회주의개조를 거쳐 정부 관리하에 놓였다. 혁명 당초에 공유화를 면한 사영 상공업자도 1952년 '5반五反'[6] 운동과 1955년 하반기부터 시작된 사영 상공업의 공사公私 합영화 강행으로 종업원과 자본액의 95% 이상이 1955년 말까지 공사 합영화되어 이듬해 1956년 공산당 제8차 전국대표대회에서 '사회주의' 달성이 선언되기에 이르렀다(姫田光義 外, 1993: 196~198, 200). 또한 해외 교회에 뿌리내린 자선단체와 자선 활동도 비판의 대상이 되어, 1953년에 민정부民政部는 서방 국가의 종교단체에서 설립한 451개 자선사업기관을 접수했다(中江章浩, 1998: 112~113).

이상과 같이 민간단체가 수행하던 기존 복지사업은 공적사업으로서 정부의 관리하에 들어갔다. 이러한 것을 포함하는 복지 전반을 통괄했던 것은 정무원(후의 국무원)이다. 이들은 장애인의 복지생산 기업을 관할했다(鍾家新, 2008: 73) 혁명 직후에는 중일전쟁과 국공내전으로부터의 부흥이 지상명제였기 때문에 유민流民과 고아에 대한 사회구제와 빈곤보조가 긴박하고 중요한 과제가 되었는데, 계획경제의 침투와 함께 도시 생활보장의 중심은 노동부가 관할하는 '노동보험제도'로 옮겨졌다.

---

6   사영 상공업자에 대한 부당한 경제행위 단속 캠페인이다. '5반'이란 수뢰, 탈세, 국
     가자산 절취 및 사취, 원재료 속임, 국가 경제정보 절취 등 다섯 가지 항목에 대한
     반대운동을 지칭한다. 이 배경에는 중국의 한국전쟁 참전에 대해 1951년 5월 유엔
     이 결의한 대중(對中) 금수 조치가 있다. 5반 운동은 1952년 1월부터 10월까지 계
     속되었고, 많은 사영 상공업자는 수많은 벌금·헌금을 냈으며 폐업에 내몰리게 된
     다(姫田光義 外, 1993: 196~197).

노동보험제도의 대두

1951년 2월, 정무원은 「중화인민공화국 노동보험 조례(시행)」를 공포하고 1953년에 개정을 행해, 노동보험의 보험료의 징수와 보관, 노동재해의 처우, 질병과 장애에 대한 대응, 종업원과 가족의 사망, 양로와 출산 육아의 대우에 관해 명확한 규정을 정했다(蔡昉, 2008: 260). 우선 각 기업·기관은 임금 총액의 3%를 보험료로 징수한다. 이후 보험료 총액의 70%는 기업과 기업 내 노동조합이 관리하고 의료, 노동재해, 양로, 출산, 육아에 소요되는 비용으로 충당한다. 보험료 총액 중 나머지 30%는 노동조합의 전국 중앙 조직인 중화전국총공회中華全國總工會가 관리하고, 전국의 기업과 기관을 대상으로 개별 보험 수지의 과부족過不足을 보충하는 조정기금을 설치했다(呂學靜·于洋, 2004: 11). 개정 전 노동보험 조례에서는 적용 범위를 국유기업과 일부 집체기업의 종업원으로 한정했는데, 그 이후 도시의 기업에서 고용된 종업원 전체로 확대했다.[7] 이리하여 중국 최초의 '전국 규모의 사회보험제도'가 탄생했다.[8] 노동보험 조례에 따르면 연금의 급부 자격은 노동 기간 25년, 근속 5년 이상, 남성은 60세, 여성은 55세이다. 급부액은 퇴직 시 표준 보수 월액에 일정 비율을 붙인 것으로 일반적으로는 최고 70%, 최저 50%의 상하한이 설

---

7   개정 전에는 종업원 수 100인 이상의 공장과 광산, 철도, 우편, 운수에 한정되었는데, 개정 후에는 모든 공장, 광신 및 교통 부문과 국영 건설회사로 범위를 확대했다(張紀濤, 2001: 16).

8   1958년 2월에는 「기업 종업원과 정부기관 직원의 정년퇴직에 관한 잠정규정」(초안)에 따라 근로 연수와 연금 지급 기준이 조정되었다.

정되었다(鍾家新, 2008: 73).

이상과 같이 사회주의혁명에 의해 중국의 생활보장 시스템은 과거에 없던 규모로 정부 아래에 집중되고 관리되어 공적사업으로서 기층에까지 침투했다. 또한 동시에 계획경제에 의해 생활보장의 틀도 자선과 복지에서 사회보험으로 전환되었다. 이러한 정부의 역할 확대와 자선에서 사회보장으로의 흐름은 서방 국가에서의 사회보장제도 발달과 유사한 측면이 있다.

그러나 이 시기의 생활보장은 계획경제에 기초했기 때문에 시장경제하의 사회보장제도와는 다른 독자적인 문제점이 있었다는 점에 유의해야 한다. 우선 국가의 역할은 소득의 재분배가 아니라 1차 분배로 설계되었다. 시장경제하에서는 노동자의 임금과 자본가의 이윤이라는 1차 분배에 대해 정부가 세금과 사회보험료 등의 형태로 징수하고 사회보장제도를 통해서 재분배한다. 따라서 재분배는 1차 분배에서는 실현할 수 없는 생활보장을 확보하기 위한 수단인 것이다.

그렇지만 계획경제하의 중국에서는 생활보장이 1차 분배에 포함되어 있었다. 국유기업은 국가에 수입을 상납하기 전에 이미 '종업원의 급여, 연금, 의료 및 그 밖의 복지 서비스 비용'을 모두 공제했다(呂學靜·于洋, 2004: 13~14). 또한 사회보험이라고 해도 종업원이 보험료를 적립하여 상병傷病 시와 정년 후에 보험금의 급부를 받는 것이 아니고, 기업이 보험료를 전액 부담했으며 종업원 측의 납부는 없었다.[9] 다시 말해, 계획

---

9   계획경제 시기의 노동보험의 부과 방식은 완전한 확정급부형이었다.

경제 시기의 생활보장은 임금과 동시에 생산 현장으로부터 지급되는 것으로 설계되었다. 실제로 의식주를 예로 들면, 직장은 사택을 건설하고 식료 및 의료와 배급표를 종업원에게 나눠주는 역할을 담당했다. 따라서 생활보장 측면에서 가장 중요한 과제는 모든 국민에게 종신제 고용을 확보하는 것이었다.

노동보험의 한계와 의미

그렇다면 계획경제 시기에는 항상 이와 같은 완전고용과 종신고용이 실현되었을까? 대답은 '아니오'이다. 첫째 이유는 팽창하는 인구 압력이다. 1953년 제1차 전국인구센서스 당시 중국 전체 인구는 이미 6억 200만 명에 달했다. 또한 전쟁이 끝나 국내가 안정되고 영양 상태와 공중위생 개선 운동이 벌어지면서 사망률이 급속하게 낮아졌다.[10] 한편 출생률은 1949년 36%에서 1954년 38%까지 계속해서 상승하고, 이후에도 대약진 시기를 제외하고 1971년까지 30%대의 높은 수준을 유지했다. 이 배경에는 1950년에 제정된 「혼인법」을 관철하는 운동이 전개되어 그때까지 결혼하지 못했던 층을 포함해 대중의 결혼 붐이 일어났던 것과, 정부가 인구 증가를 빈곤의 요인이 아니라 노동자원으로 간주하여

---

10 1949년의 사망률은 20%에 달했는데, 1957년에는 10.8%까지 급감했다. 1958년부터 1960년까지는 대약진운동 정책과 자연재해의 영향으로 일단 증가로 전환되는데(정점 시인 1960년에는 25.43%), 1961년부터 다시 감소하여 1965년에는 9.5%로 한 자리 수자로 하락했다. 그 이후 1970년대는 6%~7%대로 추이했다. 개혁·개방이 시작되는 1979년에 사망률은 6.21%를 기록했다(국가통계국 자료).

출생 장려정책을 취한 것,[11] 농업 집단화에 의해 증산이 예상되어 정부가 식료 공급을 낙관적으로 보았던 것이 작용했다.

이러한 상태에 대해서 인구학자인 마인추馬寅初는 1957년의 『신인구론新人口論』에서 인구 억제의 필요성을 주장했는데, 1958년에 마오쩌둥이 마인추를 신맬서스주의자로 비판했기 때문에 인구문제는 정치적으로 터부가 되었다. 또한 중국은 대약진 시기의 대량 아사에 대한 반동으로 1962년부터 1971년에 걸쳐 제2차 인구 증가 시기를 맞이했다. 그 사이에 정부가 인구 폭발을 자각하지 못했던 것은 아니며, 1964년에는 산아 제한을 지도하는 '계획생육위원회'를 조직하여 인구 억제 캠페인을 시작했다. 그러나 이 시도는 1966년부터 시작된 문화대혁명에 의해 좌절된다. 결과적으로 합계특수출생률은 1971년에 5.812를 기록했으며, 1950년의 5.813과 거의 변함없는 높은 수준에 머물렀다. 1949년부터 1970년의 연평균 인구 증가율은 2.05%에 이르고, 이 20년간 전체 인구는 2억 8,800만 명이 증가했다. 즉, 중국에서는 20년 동안 일본의 2배에 해당하는 인구가 새롭게 생겨난 것이다.

계획경제하에서는 이처럼 새롭게 증가한 인구가 생산연령에 이르면 국가가 전원에게 일자리를 나누어주지 않으면 안 되는데, 계획경제 시기의 저성장으로는 이를 실현할 수 없었다. 예를 들면, 제3차 5개년계획 시기(1966~1970년)는 1950년대에 도시에서 출생한 청년이 노동시장에

---

11 구체적으로는 아이들에 대한 특별수당 지급과 불임수술, 임신중절 금지를 들 수 있다(若林敬子, 2005: 154).

참가할 시기였기 때문에 정부는 1964년 무렵에 대량의 고용 부족이 일어날 것으로 우려했다. 제3차 5개년계획 시기에 도시가 흡수할 수 있는 고용은 500만 명(연평균 100만 명)으로 추계되었는데, 같은 시기에 새롭게 취업연령에 도달한 인구는 1,100만 명(연평균 220만 명)이었기 때문에 연간 120만 명의 청년 노동력이 사실상 실업 상태가 되었다(山本恒人, 2000: 173). 그리고 직장이 없으면 노동보험을 통한 생활보장도 제공되지 않았다.[12]

두 번째 이유는 농촌으로부터의 노동력 유입이다. 농민은 생산수단(즉, 농지)을 보유하고 있기 때문에 근로가 보장되어 있는 것으로 간주되어, 앞에서 논한 '농촌 5보제도'와 '농촌합작의료제도' 이외에 생활보장제도는 존재하지 않았다. 그러나 대약진 시기(1958년)에는 농촌과 도시의 소득 격차와 무계획적인 고용 때문에 농촌에서 도시로 대량의 노동력 이동이 발생했다. 그 수는 노동력으로는 1,000만 명이었는데, 가족을 포함하면 2,000만 명에 달하는 농촌 인구가 도시로 유입되었다. 대약진의 실패에 따른 식료품 부족 위기에서 벗어나고자 그들은 농촌으로의 회귀를 강제받게 되는데, 계약공이나 임시공으로서 도시 공업에 종사하는 사례도 발생했다. 특히 농촌에서 가까운 거리에 있는 도시의 농산품 가공공장에서는 바쁜 시기에 농촌으로부터 노동자를 계절공으로 조달했다. 이러한 틀은 '적공적농赤工赤農(노동자이며 농민이기도 한 것)'

---

12 실업보험은 사회주의혁명 시기에 일단 설립되었는데, 앞에서 말한 사회주의개조의 달성과 함께 폐지되었다.

제도라고 불려 경제조정기인 1963년부터 1964년에 걸쳐 정착된다. 또한 지방의 국영기업에서는 인건비 절약을 위해 상용 노동자를 점차 계절공으로 바꾸었다(山本恒人, 2000: 106~107).

이러한 비정규 고용은 결국 농민에게는 도시와 농촌을 철저히 구별하는 호적제도의 강화로 엄격하게 제한되었는데, 도시의 잉여노동력에 대해서는 탄력적으로 적용되었다. 임시공과 계약공은 임금이 낮을 뿐만 아니라 노동보험 급부를 수반하지 않으며, 주택과 의료시설 등 직원으로서의 복리후생마저 이용할 수 없는 일이 적지 않았다(山本恒人, 2000: 158). 그럼에도 흡수되지 않는 신규 노동력에 대해서는 '반공반독半工半讀' 제도를 도입해, 학생이면서 노동에 종사시키는 대신에 견습공 정도의 수당과 식사 등의 생활비 및 학비의 면제를 제공했다. 그러나 이 제도는 졸업 시까지 시간을 벌게 해주기는 했어도 이후의 노동력 과잉에는 대응할 수 없었다. 이러한 청소년에 대해서는 앞서 논한 농민과 마찬가지로 농촌에 보내는 수단이 취해졌다. 이른바 도시 지식청년의 '하방'이다. 그들은 농촌으로 호적이 옮겨져 노동보험제도의 대상 외에 놓이게 되었다.

이상과 같이, 계획경제 시기의 1차 분배를 통한 생활보장의 대상은 주로 도시의 정규 고용자에게 한정되었다. 계약공과 임시공은 노동보험의 외부에 놓였을 뿐 아니라 급여의 측면에서도 차별적인 대우를 받았기 때문에 생활보장은 가족과 친족에게 의존하지 않을 수 없었다. 농촌에서는 최저생활보장으로서 '농촌 5보제도'가 마련되었는데, 이 제도를 이용하는 것에는 친족의 부조를 얻지 않는 것이 전제가 되었다. 또한 광둥성 출신의 중자신鍾家新은 화남에서의 5보제도의 대상 범위가 혈연집 단인 '종족宗族'과 중복되었기 때문에 이 제도의 적용이 전통적인 상호부 조의 관념으로부터도 뒷받침되었다고 한다(鍾家新, 2008: 84). 그러므로 계획경제 시기에는 가족을 통한 기존 사회보장을 기반으로 하여 정부의 자원 분배에 입각하는 사회보험이 일부 새롭게 적용되었다고 보는 것이 현실적일 것이다. 정부의 사회보장 기능은 그런 의미에서 기층의 일부 에는 침투했지만 그 대상이 되는 범위는 결코 넓었다고 할 수 없었다.

중국의 개혁·개방 시기의 사회보장제도 개혁은 무에서 시작된 것이 아니라, 계획경제 시기에 이미 국유기업을 중심으로 하는 사회주의형 사회보장제도를 구축했기 때문에 그 문제점도 계승했다. '단위'로 불리 는 각 직장의 사회보험제도와 농촌·도시의 제도상 단절이 그 일례이다. 또한 '국가 목표의 달성'에 공헌하는 공무원과 근대공업 부문의 노동자 를 우선시하여, 농민과 무직자는 뒷전으로 밀리기 쉬웠다. 오늘날 사회 보장제도의 공백으로서 농촌에서 도시로의 이주자 및 취업 경험이 없는 신규 졸업자에게 사회보험이 적용되지 않는 것이 문제시되고 있다. 그 러나 이러한 문제는 시장경제에 의해 처음 발생한 것이 아니라, 계획경 제 시기부터 복류수伏流水처럼 항상 존재했던 것이다.

제4장

개혁 · 개방 시기의 생활보장
사회보험제도 개혁의 전개

국유기업의 부담 경감을 지향(1987~1992년)

사회보험제도 개혁의 목적과 배경

중국의 사회보장제도는 개혁·개방으로 말미암아 큰 도전을 받게 된다. 계획경제 시기에 수면 아래 숨겨져 있던 격차가 시장경제 도입으로 수면 위로 떠오르고 그 이후에도 형태를 달리하면서 확대되었기 때문이다. 그러나 개혁·개방 초기에는 생활보장에 관한 정책이 격차 그 자체의 시정을 추구했던 것은 아니었다. 오히려 사회보장을 둘러싼 제도 개혁에서 기대되었던 것은 주로 계획경제로부터 시장경제로의 전환을 뒷받침하는 역할이었다.

1980년대에는 개혁·개방기에 급성장한 비공유 부문(향진鄕鎭 기업과 외자계기업)과는 대조적으로 계획경제 시기 주역이었던 국유기업의 대다수가 경영 부진에 빠졌다. 국가와 지방정부는 처음에 이러한 국유기업의 적자를 보전했는데, 결국 직접적인 구제에서 손을 떼고, 부족한 자금은 은행으로부터 차입하게 하며, 나아가 국유기업의 도산도 인정하게 되었다. 사회보장 개혁은 이러한 정책 전환과 맞물려 시작되었다. 이 때문에 1980년대를 통해서 최우선 과제가 되었던 것은 국유기업의 적자를 해소하는 것, 그 전제로서 국유기업이 비공유제기업과 공평하게 경쟁할 수 있는 조건을 확보하는 것이었다.

국유기업에 비해 비공유제기업에서는 종업원의 사회보험과 복리후생의 부담이 낮았다. 예를 들면, 향진기업의 경우 종업원 대부분이 농촌호적이었기 때문에 무엇보다 노동보험의 대상에서 제외되었다. 또한 외자계기업도 1980년대에는 중국의 투자 환경이 아직 불투명했기 때문에, 언제 철수해도 좋은 위탁가공과 합작 형식으로 중국 진출을 수행한 예가 적지 않았다. 이러한 투자는 장기적인 고용의 지속을 전제로 하지 않으며, 양로보험료를 노동복무공사勞動服務公司(외자계기업 대상 인재 중개회사)에 지급하기보다 종업원의 임금으로 돌려서 노동의욕을 향상시키는 방향으로 이끌고자 하는 경향이 있었다.

나아가 사회보험료를 부담하는 경우에도, 비공유제기업은 개혁·개방 후에 사업을 시작했기 때문에 연금 수급 대상이 되는 자사 정년퇴직자 수는 한정되었다. 뒤에서 언급하는 바와 같이, 개혁·개방 초기의 양로보험제도는 기업마다 독립적이었고, 정년퇴직자에 대한 연금 급부는 고용주인 기업이 부담하는 틀이 되었기 때문이다. 한편 역사가 오래된 국유기업에서는 정년퇴직자 수가 현역 노동자를 상회하는 일도 적지 않았다. 노동보험은 확정 급부의 완전 부과 방식이었기 때문에 보험금 지급의 부족분은 기업이 보전하지 않을 수 없었다. 이러한 상황을 반영해 제도 개혁의 제1단계는 양로보험에서 시작되었던 것이다.

국유기업 개혁과 양로보험의 부담 증가

앞서 언급한 계획경제 시기의 양로보험은 노동보험의 일부이며, 도시의 공유 부문밖에 존재하지 않았다. 또한 전국 수준에서 기금을 관리했던 전국중화총공회가 문화대혁명으로 활동을 정지하자, 1969년에 양로보험의 전국 기금을 폐지하게 되었다. 그 결과 개혁·개방 시기에는 이미 기업 간 양로보험의 조정은 없어졌고, 각 기업이 개별적으로 종업원의 연금을 급부해야 했다.

어쨌든 계획경제의 틀 내에서는 전국 기금의 폐지가 기업에 큰 의미를 갖지는 않았다. 왜냐하면 당시 기업은 이윤을 국가에 상납하는 대신에 필요한 경비를 국가로부터 보전받았기 때문이다. 기업 내 보험료 수입이 연금을 지급하기에 맞지 않아도 기업은 국가에 대한 상납 이윤을 줄여서 이에 대응하고, 그래도 부족한 경우에는 국가로부터 적자를 보전받을 수 있었다(〈그림 4-1〉 참조).

그러나 1983~1984년에 걸쳐서 '이개세利改稅'(국유기업이 정부에 이윤을 상납하는 것을 폐지하고 법인소득세 납부로 바꾸는) 정책과 '발개화撥改貨'(정부가 기업에 무상으로 자금을 공여하던 것을 은행에서 이자 지급을 수반하는 대출로 바꾸는) 정책이 시행되자, 기업별 노동보험 적자가 기업회계에 직접적인 타격을 주었다. 또한 이 시기 도시의 경제개혁은 경영청부제도를 중심으로 점진했기 때문에,[1] 경영자는 자신의 재량 내에 있던 상

그림 4-1

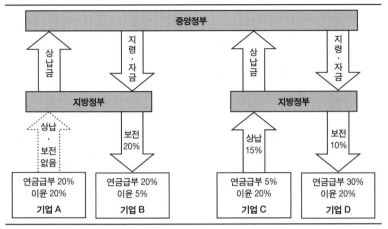

자료: 何立新(2008: 63).

여와 복리후생을 활용해 종업원의 노동의욕을 고취하고자 했다. 보너스
의 남발과 사택 건설이 왕성하게 행해지는 가운데, 현역 노동자의 생산
성에 직결되지 않는 양로보험은 퇴직 시 임금의 약 80%라는 높은 수준
이 유지되었던 점도 있어서 경영자에게는 큰 부담으로 인식되었다.

지방정부 노동 부문의 조기 정년퇴직 용인도 부담감을 조장하는 결과
를 초래했다. 지방정부의 노동 부문은 1980년대 초에 하방 청년의 도시
회귀에 직면했고, 이후에도 증대되는 신규 졸업자에 대한 고용 확보의
압력에 노출되었다. 노동시장이 미성숙했던 당시, 실업률의 상승은 지
방정부의 책임으로 간주되었다. 이러한 가운데 지방정부는 새로운 고용

---

1   경제개혁의 초점이 경영청부에서 소유제도 개혁으로 이동한 것은 1992년에 「국유
    기업전환조례」가 공포된 이후, 그것이 침투하는 1990년대 중반 이래이다. 그때까
    지 국유기업의 도산은 예외적인 것이었다.

창출을 위해서 소관의 국유기업에 대해 정년퇴직 연령을 앞당기는 것을 인정했다. 당연한 것이지만, 이러한 조기 퇴직은 연금 수급자의 수를 증가시켰고, 양로보험의 지출 증대로 이어졌다.

또한 평균수명은 착실하게 늘어났다. 노동보험이 도입된 1950~1955년의 남녀 합산 평균수명은 40.76세였는데, 1970~1975년에는 63.18세까지 늘어나고, 1990~1995년에는 68.37세(남성 66.7세, 여성 70.5세)에 도달했다(國立社會保障·人口問題硏究所, 2007). 일반 노동자의 연금 급부 연령은 남성 60세와 여성 50세(간부는 55세)였기 때문에 연금 수급 연수는 여성인 경우 평균 20년 이상의 장기간에 걸친 것이 되었다.

이러한 부담 증가를 견디지 못한 기업에서는 연금의 감액과 지급 지연이 빈발했다. 1985년 1월부터 9월에 걸쳐서, 하얼빈시의 퇴직자 1만 3,900명 가운데 7.1%가 연금 지급의 지연을 경험했다. 같은 시기에 허난성에서는 9,000명의 퇴직자가 연금 지급 정지를, 1만 7,000명이 지급 지연을 경험했다고 한다(何立新, 2008: 64). 이처럼 기업별 양로보험제도 하에서는 국유기업의 자주권이 확대되고 독립 채산성이 높아져 적자와 경영 부진에 빠진 기업에서는 연금 수급으로 돌아가는 자금상의 여유가 없다는 것이 명백해졌다. 연금의 급부를 확보하기 위해서는 기업의 벽을 초월하는 양로보험제도가 필요했다.

'기업에서 사회로': 양로보험의 발달과 분산화

기업별 보험으로부터 벗어나는 데 선제적으로 착수한 것은 지방정부였다. 1982년에 장쑤성 타이저우시泰州市와 광둥성 둥완시東莞市 등 일부 지역에서는 현縣 단위에서 보험료를 통일적으로 징수하고 관리·운용하는 실험이 이루어졌다. 당시 노동부는 1984년부터 이 실험을 전국으로 확대하고 '기업보험을 지방보험으로 전환하는' 개혁을 추진했다. 나아가 국무원은 1986년 7월에「국영기업의 노동계약제도 실시에 관한 잠정규정」을 공포하고, 국유기업에 대해 통일적으로 징수하는 것에 기초한 공통기금을 시市 단위로 끌어올려 부분적으로 도입할 것을 규정했다. 또한 동시에 계약노동제에 따라 고용된 신규 취업자는 본인이 표준임금의 3%를 보험료로 내고, 기업은 임금 총액의 15%를 부담하게 되었다.

분명히 이러한 것은 경영난에 빠진 국유기업에 대해 연금 급부에 따른 부담을 줄이려는 조치였다. 기업으로부터 해당 지방정부의 사회보험국으로 양로보험을 이관함으로써 적자 국유기업이라 해도 현역의 종업원에게 보험료를 지급하기만 하면, 해당 지방정부의 공통기금을 통해 자사의 퇴직자에 대한 연금 급부를 확보할 수 있었다. 또한 종래의 종신 고용제도하에서는 기업이 보험료를 전액 부담했지만, 여기에서 처음으로 노동자도 보험료를 지급하는 틀이 도입되었다.

그러나 다른 견해를 보자면, 이 조치는 〈그림 4-1〉에서 중앙정부가 보전해주던 부분을 지방정부로 이관했다고도 말할 수 있다. 그런데 공통기금이라는 형태로 연금기금의 관리 주체를 시·현 단위로 분산함으로써 취약한 영세 기금의 난립을 초래하기도 했다. 실제로 기금 규모가 작고, 적자 기업이 집중된 지방에서는 공통기금 그 자체가 적자에 빠져 버렸다. 또한 공통기금에 납부하는 보험료가 자사의 연금 수급을 상회하는 기업(예를 들면 현역 종업원 대비 퇴직자 비율이 낮은 기업, 혹은 수익이 높아 현역 노동자의 임금도 높은 기업)은 공통기금을 통해 타사의 연금 부담을 대신하는 것을 꺼렸기 때문에 보험료의 납부를 적어도 감액하고자, 계산 기준이 되는 종업원 수와 급여 수준을 실제보다 낮춰서 신고했다. 나아가 철도, 석탄, 수리水利, 은행 등 현과 시의 경계를 넘어 종업원을 배치하는 대기업은 지방별 공통기금에 가입하는 것을 피하여, 독자적인 연금기금을 산업마다 설치했다. 이러한 기업의 행동과 선택은 공통기금의 보장 기능을 저하시켰다.

거기에서 1991년 국무원은 「기업의 직원 및 노동자의 연금제도 개혁에 관한 결정」을 공포하고, 공통기금에 대한 통일적인 징수를 성 단위까지 끌어올리도록 호소하는 동시에, 기초연금에 상당하는 '기본양로보험', '기업보충연금'(현재의 기업연금) 및 '상업보험' 등 세 가지 축으로 구성되는 연금제도 구축을 새로운 목표로 내세웠다. 이 가운데 '기본양로보험'은 공통기금이 담당했던 재분배기능을 포함하며, '기업보충연금'은 수익이 높은 기업이 자사의 종업원을 위한 독자적인 기업연금을 설치하는 것을 가능케 했다. 즉, 적자 기업을 대신하는 것이 아니라, 종업원의 복리후생으로서의 연금을 인정했던 것이다. 나아가 여력이 있는 기업과 개인에게는 상업보험에 가입하는 선택지가 제공되었다. 이처럼 1991년의 결정은 기초연금의 재분배기능으로 최소한의 노후생활을 보장하면서, 동시에 기업연금과 상업연금의 도입으로 현실의 소득 격차를 노후에 반영시키는 성격도 함께 지니고 있었다.

대업보험제도의 도입: 노동력의 유동화와 '대업'의 현실

양로보험에 이어서 제도 개혁의 대상이 된 것은 실업보험이었다. 이상으로서의 사회주의는 노동자를 실업의 공포에서 해방하는 것이었다. 실업이 존재하지 않는 세계에서 실업보험은 불필요한 것이다. 하지만 현실에서는 계획경제 시기로부터 이미 직업이 없는 노동자가 존재했다. 이것은 '정부에 의한 고용 배정을 기다리는 상태'로 해석되어 실업이 아니라 '대업待業'이라 불렸다. 이 때문에 1986년에 국무원이 처음으로 실업에 관한 사회보험을 도입할 때에도 '대업보험제도'라는 명칭이 사용되었다.

당시 대업보험의 목적은 양로보험과 마찬가지로 어디까지나 국유기업의 개혁 추진에 있었다. 국무원은 1986년에 '대업보험'을 포함해 네 가지 규정[2]을 공포하고 기존의 종신고용을 대신하여 노동계약제를 도입했다. 이에 따라 국가가 노동자에게 고용을 배정하는 노동분배제는 서서히 축소되어가고, 그 대신에 기업 스스로 종업원을 모집·채용할 수 있게 되었으며, 더 나아가 그전까지는 현실적으로 불가능했던 종업원 해고를 위한 길이 열리게 되었다. 이러한 것은 어쨌든 노동시장 형성을 위한 조치이며, 국영기업 종업원의 유동화를 도모하는 것이기도 했던 같은 해 11월 「국영기업파산법」의 가결도 그 일환이었다고 할 수 있다.

그러나 당초의 대업보험은 어디까지나 국유기업이 고용제도를 전환

---

2   네 가지 규정이란 「국영기업 노동계약제 실시에 관한 잠정규정」, 「국영기업 노동자 채용에 관한 잠정규정」, 「국영기업 규율을 위반한 종업원의 사직·퇴직에 관한 잠정규정」, 「국영기업의 대업보험에 관한 잠정규정」이다.

할 때의 안정 장치로서 설계되었다. 그런데 수급 대상은 국영기업 종업원뿐이며, 또한 '근무처가 파산했거나' '노동계약이 파기되었거나' '해고된' 자가 아니면 안 되었다. 이러한 조건을 충족하지 않고 해당자의 표준임금의 50%에서 75%에 상당하는 대업보험금이 2년을 상한으로 하여 급부되었다.[3] 재원은 기업이 거출하는 보험료(전체 종업원 표준임금의 1%로 산출)와 국가의 재정 보조 및 대업보험기금의 이자 수입으로 했으며, 기금 운영은 노동서비스회사가 맡았다(蔡昉, 2008: 305~306).

그러나 현실에서 국유기업의 종업원을 해고하는 것은 대단히 어려웠다. 당시 국유기업은 단순히 급여를 지급받았을 뿐만 아니라 종업원에 대한 주택, 식당, 의료시설, 탁아소에서 학교까지 포함되는 종합적인 생활 서비스를 제공했다. 그런데 국유기업으로부터의 해고는 종업원과 그 가족에게 의식주 등 생활 기반을 통째로 상실하는 것을 의미했다. 그러한 상황에서 대업보험은 생활보장으로서 전혀 충분하지 않았다. 나아가 보험금 액수에도 문제가 있었다. 뤼쉐징呂學靜과 위양于洋이 대략적으로 계산해본 바에 따르면, 1990년 대업보험금의 급부 수준은 임금 총액의 겨우 28%에 머물렀다고 한다.[4] 또한 국영기업의 도산은 시장에서가 아니라 정부가 결정했기 때문에 간단하게 허가되지는 않았다. 이리하여

---

3 근속 연수가 5년 이상이면 급부 기간이 최장 24개월, 5년 미만이면 최장 12개월이 된다. 1년째에는 해당인의 표준임금의 60~75%가, 2년째에는 50%가 급부된다.

4 잠정규정은 기본급에 상당하는 '표준임금'을 기초로 하여 급부수준을 설정하고 있다. 그러나 당시 국유기업에서는 종업원에게 기본급에 거의 필적하는 여러 수당을 급부했기 때문에, 뤼쉐징과 위양은 이러한 것을 포함한 '임금 총액'을 기초로 하고 있다(呂學靜·于洋, 2004: 199).

노동력을 유동화하는 제도는 정비되었지만, 현실적으로 국유기업에 일단 취직하면 실업에서 예외인 상태가 계속되었다. 대업보험은 이러한 '예외적 실직'에 대한 대비에 지나지 않았고, 항상적인 실업 상태를 떠받치는 것은 아니었다.[5]

사회보험 이행에 따른 무거운 부담에 대한 대응(1993~2000년)

1993년 중국공산당 중앙위원회는 「사회주의 시장경제체제 확립의 약간의 문제에 관한 결정」을 공표하고, 시장경제로의 이행을 정식으로 제시했다. 이에 따라 국유기업 개혁이 본격화되었다. 대형기업은 주식회사로 전환되고, 중소기업은 민간에 매각되었다. 소유제도라는 근저로부터의 시장화에 직면한 적자 국유기업은 점차 도산할 수밖에 없었다. 1991년에 117건이던 파산 건수는 1996년에는 6,234건으로 5년간 53배나 늘었다(沙銀華, 2001: 92). 또한 파산을 면한 국유기업도 사내의 과잉인원 정리에 착수해 수많은 종업원이 '일시 귀휴歸休'라는 명목으로 사실상 실업 상태에 내몰렸다. 또한 도시에서 실업자의 증대는 새로운 빈곤층을 만들어내는 결과로 이어졌다.

이러한 상황을 반영해 사회보험은 '국유기업의 부담 경감'이라는 기

---

5   1987년부터 1993년까지 보험을 수급한 자는 등록 실업자의 13.1%에 머물렀다(呂學靜·于洋, 2004: 199).

존 역할에서 변화해, 전면적인 시장화를 추진하기 위한 안전망으로서 주목받게 되었다. 다만 그 최종 목표가 어디까지나 시장경제의 확대에 있는 이상, 사회보장제도도 시장친화적인 성격을 갖도록 설계되었다. 즉, 자기 책임과 개인의 거출을 전제로 하는 사회보험이 중심에 놓이고, 재정에 의한 재분배가 필요한 분야, 즉 사회적 '약자'에 대한 복지는 착수가 지체되었다. 이것은 21세기 중국에 큰 과제를 남기게 되었다.

양로보험: 부과 방식에서 적립 방식으로

사회보험을 통한 시장경제로의 적응은 개인계좌의 설치에서도 살펴볼 수 있다. 개인계좌란 종업원 명의로 개설된 연금계좌로, 종업원 본인과 고용주가 보험료를 여기에 적립한다. 이러한 적립 방식을 관철한다면 타사의 종업원 보험료를 대신하는 일 없이 부과 방식과 같은 세대 간 이전도 존재하지 않는다. 또한 임금이 많으면 보험료도 늘어나는데, 그만큼 개인계좌로부터 수급되는 연금도 많아진다. 나아가 적립식 개인계좌라면 기업 기반의 연금과는 달리 전직과 함께 해지할 필요가 없기 때문에 인재의 유동화에 적절하다. 소리 없이 다가온 고령화와 시장화에 대응하기 위해서는, 세대 간 이전이 없고 현역 때 수입이 연금에 반영되는 자기책임형의 적립 방식이 효과적이다. 이러한 사고는 1990년대 중반에 세계적인 조류가 되었다.[6]

중국도 그 와중에 있었기 때문에 양로와 의료의 보험에 대해서는 개

---

6   세계은행의 1994년, 1997년 보고서(World Bank, 1994, 1997)가 대표적인 예이다.

그림 4-2 **국무원 「기업 종업원의 통일기본 연금제도의 확립에 관한 결정」(1997년, 26호 문건)**

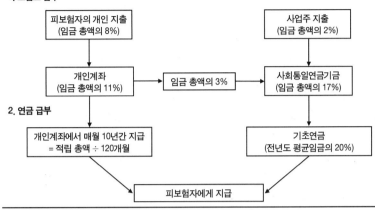

자료: 段家喜(2007: 183).

인계좌를 공통기금과 조합하는 것이 1993년 「사회주의 시장경제체제확
립의 약간의 문제에 관한 결정」에서 확인되었다. 이 결과에 입각하여,
1995년에 국무원은 「기업 종업원의 연금제도 개혁의 심화에 관한 통
지」를 공포하고, 1997년에는 「기업 종업원의 통일 기본연금제도의 확
립에 관한 결정」(국무원, 26호 문건)에서 개인계좌와 사회통일기금의 보
험료 거출과 보험금 급부의 가이드라인을 제시하기에 이르렀다. 이 개
혁은 개인계좌와 사회에서 통일적으로 징수한 공통기금(사회통일연금기
금)을 조합한 것으로서(〈그림 4-2〉 참조), 연금을 부과 방식에서 적립 방
식으로 전환하고 시장경제에 적합한 공적 양로보험의 구축을 추구했다.

그러나 현실에서는 적립 방식으로의 전환이 쉽지 않았다. 무엇보다
해당 제도를 도입하기 이전에 이미 퇴직한 자는 개인계좌에 보험료를
적립하고 있지 않았다. 또한 현역 노동자들도 제도 개혁 전에 장기간 근

무해온 자[7]는 정년퇴직 시까지 연수가 너무 적어서, 개인계좌로부터 연금을 수급하는 데에는 적립액이 부족했다. 그런데 부과 방식에서 적립 방식으로 이행할 경우, 두 제도가 동시에 병행되는 '이행기'에 대한 대응이 어찌되었든 불가피해진다. 이 시기에 현역 노동자는 자신의 연금을 적립하면서(적립 방식의 도입), 그 시점의 퇴직자의 연금도 부담(부과 방식의 계속)할 필요가 있다. 〈그림 4-2〉에서 알 수 있듯이 1995년과 1997년의 개혁에 의하면 적립 방식 부분은 개인계좌를 통해 종업원 본인과 기업이 부담하고 부과 방식은 사회통일연금기금을 통해서 기업이 부담하는 것이 되었다.

달리 말해, 이것은 계획경제 시기 때 근무한 종업원에 대한 보험료 지급 의무가 국가에서 사회로 이전되는 것이다. 그 결과 예전 국유기업의 퇴직자가 많은 지방에서는 사회통일연금기금만으로는 당좌當座의 급부액도 감당하지 못하고, 개인계좌에서 대출하여 눈앞의 연금 급부에 충당하지 않을 수 없었다. 이러한 현상은 '개인계좌의 공동화空洞化'(통칭 '공空계좌')로서 문제가 되었고, 연금제도에 대한 신뢰를 떨어뜨리는 동시에 연금제도를 부과 방식에서 적립 방식으로 전환한다는 당초 목표를 유명무실하게 했다. 개인계좌에서 사회통일연금기금으로의 대출은 부과 방식의 변형이나 다름없었기 때문이다.

새로운 제도가 사실상 부과 방식인 이상, 고령화의 진전은 연금 수지에 직접 영향을 주었다. 1991~2001년의 10년간 재직자는 5,600만 명에

---

7 개인계좌를 개설할 때에는 보험료 납부 기간이 15년 이상인 것이 조건이 된다.

서 1억 8,000만 명으로 2배 증가했는데, 연금 수급자는 1,080만 명에서 3,380만 명으로 3배가 되었다. 또한 지방에 따라서는 개인계좌에서 대출을 받더라도 사회통일연금기금의 수지 균형에는 이르지 않고 연금 지급이 늦어지거나 미지급되는 일이 계속되어, 구정을 앞두고는 중앙정부로부터 연금 급부용 특별보조금을 받는 것이 상례가 되었다. 그리하여 국가에서 사회로 돌아가야 하는 이행 비용을 결국 국가가 지급하지 않을 수 없었던 것이다.

대업보험에서 실업보험으로의 전환: 보험 대상의 확대와 재취직센터의 지원

앞에서 언급한 바와 같이 1986년에 도입된 대업보험은 실직 이후의 생활보장으로서는 질적·양적인 부분과 함께 실효성이 결핍되었다. 이에 대해서 국무원은 1993년에 「국유기업 종업원의 대업보험규정」을 공포하고, 대업보험료의 계산 기준을 표준임금에서 임금 총액으로 바꾸는 동시에, 대업보험의 급부금이 사회구제금(생활보호에 해당)의 120~150%가 된다는 전제 아래 지방정부의 재량으로 금액과 적용 대상자를 정하는 것을 인정했다.[8] 1993년의 개정에서 무엇보다 주목할 만한 것은 대업보험의 기능을 생활보장뿐 아니라 전직 훈련과 직업 소개에도 확대한 점이다. 그 결과 대업보험은 1994년 4월에 국무원이 비준한 '재취직 프로젝트'[9]의 실시에 중요한 역할을 수행하게 되었다. 전자는 노동계약제

---

8   일부 지방에서는 시험적으로 외자계기업을 대상에 포함했다.

를 신규 고용에 한정하지 않고 전체 종업원에게 적용할 것을 정하고, 후자는 처음으로 경영난을 이유로 하는 인원 삭감을 인정한 것이었다. 이에 따라 국유기업에서 대규모 구조조정이 진행되고, 1995년에는 실업자 수가 520만 명, 일시 귀휴자가 560만 명으로 늘어났다(中國勞動統計年鑑, 1996). 동시에 실업보험 수급자와 가입자 수도 급증했다. 1992년 35만 명이었던 수급자 수는 1996년에 330만 명으로 9배 이상으로, 가입자 수도 같은 기간에 7,400만 명에서 8,330만 명으로 팽창했다. 그러나 수급자 수는 1996년을 기점으로 하락하는 경향을 보이기 시작해, 1998년에는 158만 명으로 정점 당시의 절반까지 하락했다. 그 사이 실업률에 거의 변화가 없었다는 것을 고려하면 경영 악화로 보험료를 모두 부담할 수 없는 국유기업이 특정 지방에 집중하여, 보험료의 미지급이 증대되었다고 여겨진다. 나아가 급부 수준이 여전히 낮았던 점이나 보험기금의 부정 유용과 허술한 관리에 대한 보도가 흘러나온 것도 그러한 경향에 박차를 가했다. 이 때문에 대업보험제도에서 이탈하는 자가 속출하고, 가입자 수는 정점 시의 9,500만 명(1994~1995년)에서 7,930만 명(1998년)으로 감소했다. 대업보험제도가 신용을 되찾고 안정화를 도모하려면 보험료의 기반을 확대할 필요가 있었다.

1999년 1월에 국무원이 공포한 「실업보험조례」는 이러한 문제에 대응하기 위한 법적 조치였다. 이 조례에 따라 국유기업뿐만 아니라 외자

---

9 재취직 프로젝트는 1993년부터 상하이를 포함하는 30개 도시에서 실험적으로 행해졌다.

계기업과 사영기업도 포함하여 도시의 전체 종업원이 실업보험의 대상이 되었다. 보험료의 거출에 대해서도, 보험료 비율을 임금 총액의 3%로 인상하고 고용주가 2%, 종업원 본인이 1%를 부담하게 했다. 이리하여 양로보험과 마찬가지로 종업원도 보험료 납부가 의무화되었다. 그 결과 국유기업 이외의 종업원이 가입자 전체에서 차지하는 비중은 1998년 9.3%에서 2001년에는 33.5%로 상승했다. 또한 같은 기간에 종업원 본인 부담분이 보험료 수입 전체에서 차지하는 비중은 17.6%에서 30.4%로 증가했다(呂學靜·于洋, 2004: 232). 이러한 새로운 담당자의 참가로 1999년부터 실업보험의 가입자 및 수급자 수는 다시 증가하는 경향을 보였다.[10]

이상과 같이, 대업보험의 개정과 실업보험의 성립은 이전처럼 국유기업의 구제를 추구한 것이 아니라 그 파산을 전제로 했다. 또한 보장 대상도 국유기업에 한정되지 않고 도시의 전체 종업원으로 확대되었다. 어쨌든 이 제도는 모든 종업원에게 동등한 생활보장을 제공하는 것은 아니었다. 무엇보다 극진한 보장을 받았던 것은 고정공固定工이라고 불리며 계획경제 시기에 일자리를 할당받았던 종신 고용자였다. 한편 계약노동자는 실업과 함께 2년 동안은 실업보험을 수급할 수 있었지만,

---

10 2000년의 수급자 수는 330만 명으로서 거의 전회(前回) 정점 시의 수준으로 돌아갔고, 가입자 수도 같은 해에 1억 330만 명으로 처음으로 1억 명의 선을 넘었다. 보험료 수입은 1998년부터 2000년의 사이에 68억 위안에서 160억 위안으로 상승했고, 지출을 공제한 연도의 적립 잔고도 같은 기간에 133억 위안에서 195억 위안으로 증가했다(呂學靜·于洋, 2004: 232).

이후에도 실업 상태에 있으면 뒤에서 언급할 도시 최저생활보장제도(생활보호)로 옮겨가야 했다. 1999년의 실업조례에 따르면 실업보험의 급부액은 도시최저생활보장을 상회하도록 설계되었기 때문에 보장 수준은 2년 후에는 내려가지 않을 수 없다. 그러나 고정공은 일시 귀휴 처리되어 재취직센터에 등록할 수 있다. 센터는 3년을 상한으로 한 생활비를 지급한다. 그리고 3년 후에도 취업할 곳을 찾지 못할 경우, 2년을 상한으로 하여 실업보험을 받을 수 있다.

이 재취직센터는 앞서 언급한 재취직 프로젝트의 일환이다. 그 경비는 1998년의 중국공산당 중앙위원회와 국무원의 「국유기업의 일시 귀휴 종업원의 기본생활보장과 재취직사업에 관한 통지」에 의해 정부와 기업, 사회가 3분의 1씩 부담한다. 여기서 사회에 해당하는 것이 실업보험이다. 적자 국유기업이 많은 지방에서는 기업에 출자할 여력이 없고,[11] 오로지 프로젝트의 존속을 사회보험과 정부의 거출에 의존했다. 그 결과 실업보험기금으로부터 재취직센터에 거출한 자금은 1999년 당시 전체 실업보험기금 지출의 44.7%에 달했다. 실업보험도 양로보험과 마찬가지로 개혁·개방 시기의 실업에 대응하는 것뿐 아니라 계획경제 시기부터 기업 내에 머물러 있던 과잉 노동력에 대한 생활보장을 제공해야 하는, 이행기의 이중 부담을 짊어져야 했던 것이다.

---

11 1995년 시점에 기업이 계좌에 직접 납입한 실업보험료는 규정의 20%에 불과하며, 기업을 방문해서 징수한 부분을 더해도 40%에 그쳤다고 한다(呂學靜·于洋, 2004: 212).

제5장

의료의 시장화
'간병난, 간병귀'의 구도

'간병난, 간병귀'

의료제도의 개혁

오늘날 중국 사회가 직면한 의료 사정을 무엇보다 잘 보여주는 말로 '간병난, 간병귀看病難, 看病貴(치료받는 것은 어렵고 비싸다)'가 있다. 이 말은 의료 서비스를 공평하게 받을 기회가 보장되어 있지 않은 점, 그리고 의료 서비스가 다른 일반적인 상품과 마찬가지로 시장경제의 한가운데에 놓인 상황을 보여준다.

어떻게 이런 상황이 벌어졌을까? 중국공산당은 사회주의화를 추진하는 가운데 통합의 정당성을 확보하는 의미에서도 농촌을 포함하는 전국적인 의료·위생사업의 네트워크를 만들어내지 못했다.

중국공산당이 추진한 의료·위생정책은 근대국가를 향한 20세기 중국의 발걸음 가운데에서도 획기적인 것이었다. 그리고 그 특징은 근거지根

據地 시대의 제도를 도시로 확대하고 대중 동원을 통한 전시체제적인 의료·위생사업을 전국적으로 정비하는 것이었다.

1980년대에 중국공산당은 개혁·개방정책으로 크게 전환하고, 사회보장과 의료를 뒷받침해온 도시의 국영기업과 농촌에서의 인민공사를 해체하는 180도 방향 전환을 했다. 그 결과 의료를 둘러싼 상황은 극적으로 변화되었다.

오늘날 의료 사정의 한 예로서 베이징의 퉁런병원同仁病院의 모습을 전하는 신문 보도를 소개해보겠다. 어둠이 걷히기 전인 오전 9시, 진료를 받고자 병원 접수를 위해서 줄을 서는 환자와 그 가족의 수는 대략 1,000명에 달한다. 게시판에는 의사의 이름과 직책, 진료비가 표시되어 있다. 의사를 선택할 권리는 기본적으로 환자에게 있다. 젊은 수련의는 4.5위안인데 의사에 따라 요금 차이는 크며, 저명한 전문의는 320위안에 달한다. 그럼에도 저명한 의사에게 진찰받기 위한 순번은 순식간에 차버리고, 이번에는 암표상이 진찰권을 팔러 온다. 우여곡절 끝에 진찰을 받게 되더라도, 의사 한 명이 오전에만 최대 60명 정도를 진찰하는 탓에, 서너 시간 기다렸다가 진찰받는 시간은 실제로 겨우 5분이 채 되지 않는 경우도 있다. 진찰이 끝나도 이번에는 약을 타기 위해 줄을 서야 한다. 당뇨병을 앓고 있는 A씨의 경우 처방받은

후베이성 우한(武漢)의 병원 접수처 모습
자료: 2008년 3월 필자 촬영.

약은 여섯 종류에 1주일분으로 30봉이나 되며, 약값은 1,000위안이 들었다. 이 가운데 40%는 A씨의 자기 부담이다. 그럼에도 퉁런병원은 시설이 정비된 베이징의 대형 병원이며, A씨처럼 의료비 보조를 받으면서 이 병원에서 치료를 받는 사람은 큰 혜택을 받고 있는 것이다(≪朝日新聞≫, 2008. 1. 24).[1]

의료비 상승은 처참한 수준인데, 과거 10년간 진료비는 물가 상승분을 감안하더라도 2.3배, 입원비도 1.8배 상승했다. 다만 2003년까지 5년 동안과 그 이후 2008년까지 5년간을 비교해보면 상승률은 억제되었다. 그러나 공적 의료보험의 보급이 늦은 농촌에서는 의료비 상승이 생활에 심각한 영향을 초래하고 있다(澤田ゆかり, 2008: 38~39).

의료보험제도의 도입

개혁·개방정책이 진전되는 가운데, 시장원리를 도입하는 의료제도 개혁의 계기가 된 것은 기업과 각 기관의 운영에 자주권이 부여되고 이와 동시에 재정적 자립이 요구된 점이다.[2]

---

1   중국의 의료 서비스를 둘러싼 심각한 상황은 NHK 스페셜 〈격류 중국(激流中國)〉 (총 13회)에서도 다루었다. 2008년 6월 15일에 방송된 '병자 대행렬: 13억 명의 의료(病人大行列: 一三億人の醫療)'가 그것이다. 프로그램은 고도의 의료를 받기 위해 이른 아침부터 병원에 줄지어 선 사람들의 모습과 의료비의 자기 부담에 고뇌하는 농민의 모습을 방영했다. NHK에서 장기간 중국 관련 다큐멘터리 방송의 제작을 담당해온 나가이 사토루(長井曉)는 〈격류 중국〉의 중국 관련 보도는 이제까지와는 일선을 긋는 것이라고 하며, 베이징 올림픽을 앞두고 2007년 1월부터 중국 정부가 해외 미디어의 취재를 자유화하는 것 등을 거론했다(長井曉, 2009: 64~65).

2   1976년 9월 마오쩌둥이 사망하고 10월에는 문화대혁명을 주도했던 4인방이 체포

도시에서의 의료제도 개혁은 대략 다음과 같이 세 시기로 구분할 수 있다.

① 1980년대 초~1987년: 기업과 정부가 독자적으로 개혁 추진
② 1988~1997년: 기업과 개인의 공동 부담으로부터 사회보험 관리기관이 담당하는 제도로 변화
③ 1998년 이후: 주룽지 주도의 의료보험제도 도입 이후

1998년에 도입된 도시노동자기본의료제도는 도시의 기업과 정부기관, 사업체 및 비영리조직을 대상으로 하여, 의료보험의 비용을 그러한 기관과 개인이 공동으로 부담하는 것이었다. 연금과 마찬가지로 개인이 납부한 보험료는 개인계좌와 사회통주社會統籌기금으로 배분되며, 그중 사회 풀은 가입자가 입원했을 때와 고액의 의료비를 필요로 하는 경우, 개인 부담분이 일정 수준을 넘는 경우에 사회통주기금의 부분에서 일부를 되돌려주는 전국적인 제도이다(塚本隆敏, 2006: 256~258).

의료제도 개혁에서는 자기 부담을 원칙으로 하고 일관되게 '작은 정부'를 지향해왔다. 그러나 금세기 들어 후진타오·원자바오 정권하에서 도시노동자기본의료제도 도입에 의해 일정한 개편이 가해지고 있다. 그

되어 매우 짧은 기간의 화궈펑 시기를 거쳐 덩샤오핑이 공산당의 실권을 장악했다. 1978년 12월의 중국공산당 제11기 3중전회에서 농업, 공업, 과학기술, 국방의 '4개 현대화'를 실현하기 위해 통제경제에서 개혁·개방경제로의 전환이 결정되었다(加藤弘之·久保亨, 2009: 221~222).

러나 2005년 말 국무원 발전연구센터의 보고서에서는 "중국의 의료체제 개혁은 완전히 실패로 끝났다"라고 명언했고, 문제의 해결을 위한 길 또한 멀다. 그 때문에 정부 부처 내에서도 의료제도 개혁에 많은 관심을 쏟고 있다(國務院發展硏究中心課題組, 2005).

의료보험제도는 국가마다 큰 차이가 있으며, 각국의 역사를 잘 반영하고 있다. 크게 구분하면, 영국의 세수를 중심으로 한 국고 부담(NHS: National Health Service), 일본과 독일의 노사 쌍방에 의한 의료비 부담, 미국으로 대표되는 개인 부담, 즉 민간 상업의료보험의 활용 등이다.

영국의 NHS는 1948년에 만들어져 기본적으로 진료와 입원 시 개인 부담은 없는데, 치료를 위한 약값의 부담이 요구된다. 그렇지만 개인적 경비 부담이 적지 않은 국영의료제도가 있으면서도 현실적으로는 자기 부담을 기초로 한 사립 병원이 경영상 성립하고 있는 것은 이 제도가 충분하지 않다는 것을 보여준다. 주치의의 진료를 거쳐야만 전문의의 진료를 받을 수 있는 시스템과 대기 시간이 대단히 긴 것 등 운용상 문제도 존재해 해결해야 할 과제가 적지 않다.

영국의 제도와 대조적으로 개인 부담을 기반으로 하는 것이 미국의 제도이다. 그런데 오바마 민주당 정권은 약 4,600만 명이 넘을 것으로 예상되는 무보험자의 의료보험 가입, 즉 전 국민 보험제도의 실현을 정책과제로 삼고 있다.[3] 정부 관장 의료보험제도의 도입은 미국의 역사

---

3 이른바 '오바마 케어'로 불리는 미국의 의료보험 개혁 법안은 2010년 의회를 통과했으나, 공화당은 이 제도가 개인과 기업의 자유를 침해하고 국가 재정에 큰 부담이 된다는 이유로 반대했다. 양당 간 대립은 2013년 10월 정부 폐쇄로까지 불거졌

가운데에 여러 차례 논의되어왔다. 그 비용은 10년 동안 1조 달러를 상회할 것으로 추산되기도 하며, 재정상의 관점에서의 신중론도 뿌리 깊다. 또한 공화당 지지자 중에는 의료 서비스에 정부가 관여하는 것에 대해 비판하는 이도 많다(≪讀賣新聞≫, 2009. 2. 27).

일본의 제도는 1927년 시행된 「건강보험법」에서 근원을 찾을 수 있다.[4] 독일의 「질병보험법」을 모델로 하여 시행 당시 노동자는 보험료의 자기 부담에 대한 저항감이 강했고, 사업주에게는 새로운 부담이었으며, 의사는 진료 보수가 적다고 하는 등 각각의 입장에서 비판이 있었다. 1929년 보험료 체납 시 강제징수권을 인정하여 개정이 이루어져 각 도·부·현 경찰부에 건강보험과가 개설되고 건강보험사업에 경찰력이 관여하게 되었다.

1930년대 만주사변을 계기로 하는 전시체제 정비 과정에서 농촌을 포괄하는 의료보험제도가 도입되어 시·정町·촌을 단위로 하는 조합에서 운영되었다. 「국가총동원법」과 '건병健兵정책'의 전개 아래 의료보험의 제도화가 추진되었고, 1938년에는 「국민건강보험법」이 제정되었다. 국민건강보험은 대상을 화이트칼라로 확대하고 점수제에 의한 진료보수제도, 가족급부 신설 등 현행 의료보험제도의 기초가 되는 제도를 정비했다.

제2차 세계대전 이후 1948년 「국민건강보험법」 개정에 따라 국민건

으나 이후 타협이 이루어져 2014년부터 단계적으로 적용된다. _ 옮긴이 주

4   법률은 1922년에 제정되었으나, 관동대지진이 일어나 1927년이 되어서야 시행되었다.

강보험은 시·정·촌이 조합을 대신하여 자신의 사업으로서 행하는 공영
사업이 되었다. 보험료 징수가 어려워 재원이 불안정했다는 것이 큰 문
제였는데, 1953년에 요양급부 비용의 국고보조제도(20%)가 도입되어
건강보험의 재정적 기반이 확립되었다. 그러나 1955년 무렵에도 전체
인구의 3분의 1 정도인 3,000만 명에 달하는 의료보험의 미적용자가 있
었으며, 일본에서 국민개보험제도가 확립된 것은 1961년의 일이다.[5]

여기에서 타이완의 의료보험제도에 관해서도 다루어보겠다. 국공내
전에서 패해 타이완으로 물러난 국민당은 1950년에 근로자보험과 병역
보험, 1958년에 공무원보험을 만들었다. 그러나 근로자보험의 대상이
되는 노동자와 그 급부는 한정적이었으며, 이에 비해 공무원보험(교사
등을 포함)은 비교적 나은 혜택을 제공했다. 이후 1963년 공무원퇴직자
의료보험, 1980년 사립교직원 의료보험, 1985년 농업종사자보험 등의
의료보험제도가 제정되었다.

1985년 행정원 위생서衛生署(한국의 복건복지부에 해당 — 옮긴이 주)는
의료 서비스 공급제도를 균형적으로 다루기 위해서 전국을 17개 의료권
역으로 나누고 의료기관을 ① 센터 병원, ② 지역 병원, ③ 지구 의원,
④ 진료소 등 네 개 단위로 구분하고 '의료 네트워크 프로젝트'를 개시

---

5 연금제도와 마찬가지로 일본의 국민개보험제도가 최근 위기에 직면하고 있다는
   점이 지적되고 있다. 그것을 상징하는 것이 2006년부터 도입된 후기 고령자 의료
   제도이다. 그것이 장수 의료제도인지 여부는 별도로 하고, 고령화 추세 속에서 계
   속 증대하고 있는 의료비를 현역의 근로 세대가 모두 부담할 수 없다는 문제가 중
   국에서도 표면화되고 있다.

했다. 그러나 이 단계에서도 근로자보험, 공무원보험, 농업종사자보험의 가입률은 25% 정도에 그쳤으며, 미가입자는 의료비를 직접 부담해야 했고, 이는 심각한 사회문제가 되었다.

1995년에 국민개보험제도인 국민의료보험제도가 창설되었다. 이 제도는 기존의 의료보험제도를 통합하여, ① 중앙건강보험국이 피보험자에게서 보험료를 징수하고 보험증을 교부하며, ② 피보험자는 의료 서비스를 받으면 비용의 일부를 부담하고, ③ 의료기관은 잔여 의료비의 급부를 받고자 하는 청구서를 중앙 건강보험국에 제출하는 제도이다. 이는 강제적인 사회보험제도이며, 타이완 국적의 모든 사람과 타이완에 거주 등록을 한 모든 사람이 가입해야 한다. 또한 피보험자가 의료 서비스를 받으려면 보험증을 제시해야 한다. 보험증은 2004년 1월 1일부터 IC카드로 만들어진다.

국민의료보험제도가 도입되면서 타이완의 의료는 크게 변화했다. 즉, 보험 가입률 향상, 의료 서비스 수급의 공평성과 접근성 개선에서 큰 성과를 올리고 있다. 물론 의료비의 전반적 억제라는 과제가 남았는데, 다양한 의료비 억제정책과 2002년 7월에 도입된 총액예산지불제도로 의료비 상승은 경제발전에 의해 상쇄되는 범위에 있다. 그러나 국민의료보험 준비금은 감소하고 있으며, 장기적으로는 재원의 안정적인 확보가 과제이다(米山隆一·鄭文輝·朱澤民, 2009).

농촌 의료의 심각한 현실

일본과 타이완의 제도에 관해 비교적 상세하게 논한 것은 의료보험제도에는 그 국가가 걸어온 역사, 나아가 장래적인 과제가 각인되어 있기 때문이다. 전통적으로 정부가 관장하는 보험에 부정적이었던 미국이 국민개보험제도의 도입을 정책과제로 삼으려고 하는 상황에서, 거대한 인구규모와 도농 간 그리고 지역 간 경제 격차를 내포하고 있는 중국 사회에는 어떠한 의료제도가 적합할 것인가? 그러한 과제를 전망해보려면 우선 무엇보다 심각한 농촌의 상황을 살펴봐야 할 것이다.

중국의 의료제도에서 많은 문제를 안고 있는 것은 농촌이다. 1980년대 초부터 인민공사가 점차 해체되고 농촌을 거의 망라하고 있던 합작의료제도로의 참가율이 10% 이하로 추락해버렸다. 그 결과, 병에 걸렸을 때 치료를 받기 위한 제도가 붕괴했을 뿐만 아니라 예방접종 비용마저 염출할 수 없는 상황에 이르렀다.

왕원량王文亮은 중국에서 의료자원 재분배상의 문제점으로 ① 도시와 농촌 간 격차, ② 지역 간 격차, ③ 직업 간 격차 등을 들면서, 의료자원 대부분이 도시의 대형 병원에 편재하고, 이러한 병원의 의료설비는 구미나 일본과 거의 대등한 수준에 이른 반면, 농촌에 대한 의료자원 배분은 극단적으로 부족하여, 전체 의료자원 가운데 겨우 20% 정도밖에 안 된다고 비판했다(王文亮, 2004: 484~485).

금세기 초 2002년에 중국의 인구 10만 명당 의사 수는 167명으로, 영국의 164명과 거의 같다. 그런데 일본은 197명이다. 의료 서비스 제공 현황을 보면, 현·향·촌의 행정단위에 각각 병원과 진료소 등의 의료기관이 있는데, 전문적인 의학교육을 받은 인재는 도시에 집중되어 있다. 또한 농촌에서 의료와 공중위생에 종사하는 이의 수준이 낮은 것도 사실이다. 무엇보다 위생원과 같은 '맨발의 의사'로서 의료 행위를 하던 이들이 그것을 뒷받침하는 경우도 있다(張建平, 2006: 3). 그리고 무자격 의사와 조악한 혹은 가짜 의약품이 유통되는 경우도 보인다.

도시와 농촌의 경제 격차는 결과적으로 영양조건의 격차를 불러일으켰다. 2004년에 처음으로 실시된 '중국 시민 영양·건강 상황 조사'에 따르면, 아이들의 만성적인 영양불량과 저체중은 10년 전과 비교해 많이 개선되었다. 그러나 여전히 빈곤 지구의 농촌에서는 영양불량은 심각한 상황이다. 한편으로 성인의 비만이 문제가 되고 있다. 그 결과 당뇨병과 고혈압 등 성인병이 늘고 있다. 또한 도시의 빈곤층에서도 영양불량이 나타나는 등 상황은 더욱 복잡해지고 있다(三好美紀, 2007).

고령화 압력

중국이 안고 있는 의료·위생 문제에는 사망 원인의 변화, 즉 역학적 전환epidemiological transition과 인구구조의 변화, 즉 인구학적 전환demographic transition이 배경으로 자리하고 있다. 급속하게 고령화가 진행되고 있는 것은 의료제도 그 자체를 규정하는 중요한 요인이다.

중국에서는 '한자녀정책'[6]의 영향으로 장기간 출생률이 낮게 억제되어 왔다. 그 결과 인구는 어쨌든 인도에 의해 추월될 것이 확실시되며, 2035년경부터 인구가 감소할 것으로 예상된다. 또한 여성이 출산하는

---

6   한 부부에게 자녀 1명의 출산을 장려하는 인구억제정책이다. 1979년부터 국책으로 추진되었다.

아이의 수를 나타내는 합계특수출생률도 1.6으로 일본의 1.34보다 약간 높다고 해도 중국이 앞으로 급속한 고령화 사회로 향할 것은 명백하다.

고령자가 인구에서 차지하는 비중이 7%에서 14%로 상승하는 데 걸린 기간은 프랑스가 115년, 스웨덴이 85년, 영국과 독일이 약 40년이었다. 중국은 약 24년으로, 이미 고령화 사회를 맞은 일본과 거의 비슷한 속도로 고령화가 진전되고 있다. 대도시에서는 고령화가 더 빠르게 진행되고 있으며, 상하이는 출생률이 1.2인 반면 고령화율이 14%를 넘는다. 이러한 상황 속에서 2005년에 65세 이상의 인구는 1억 명을 넘었고, 2025년에는 약 2억 명이 될 것으로 예상된다. 결국 의료와 연금 등 사회보장에 드는 비용을 어떻게 마련할 것인지가 큰 과제가 되고 있다.

개혁·개방정책 가운데에 '작은 정부'를 지향하는 의료제도 개혁이 추진되어 정부의 의료·위생 관련 재정지출은 점차 줄고 2005년 재정 예산 3조 위안 가운데 의료·위생 관련 지출은 1,200억 위안에 불과하며, 전체 지출에서 차지하는 비중도 4% 정도까지 감소했다. 이 수치는 여러 외국과 비교해 낮은 수준이다(景天魁, 2008: 136).

이러한 상황에서 의료보험 자체의 수지는 반드시 적자가 되지는 않는다. 이는 건전하게 운용되는 것으로 보이지만, 실제로는 보험금 급부 액수에 제한이 있는 것과 기업의 보험료 부담 및 개인의 진료비 부담이 대단히 크다는 데서 기인한다. 또한 일본의 제도와 달리 보험료 수입에 기여하지 않는 무직자와 해당 기업의 퇴직자를 제외하고 고령자를 배제한 결과이다(窪田道夫, 2008a). 우쥔샤吳軍霞는 재정수입이 증가한 것에 비해 의료와 교육에 대한 지출이 하락한 것, 또한 대부분이 고등교육과 간

그림 5-1 **중국의 의료비 부담 비중**

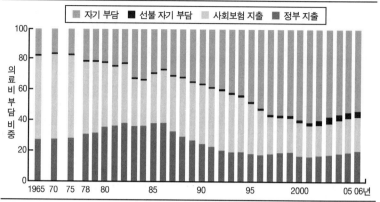

자료: WHO(2008: 84).

부를 위해 지출되는 것을 '탈공공성'이라 부른다(吳軍霞, 2008: 184~195).

〈그림 5-1〉은 1980년대 이후 중국에서 의료비 부담 비중을 나타낸
것이다. 개혁·개방정책 이전에는 정부지출 및 사회보험의 부담이 80%
를 넘었는데, 그 비중은 점차 줄어들어 20세기 말에는 40% 정도였으며,
나머지는 자기 부담이었다. 그러나 앞서 논했듯이 최근 정책 전환이 행
해지는 가운데 공적 부담이 증가하기 시작해, 새로운 의료보험제도의
도입으로 개인 부담 비중은 약간이지만 억제되고 있다(WHO, 2008: 84).

중국 위생부가 2007년에 발표한 자료를 보면, 의료 지출이 전체 GDP
에서 차지하는 비중도 하락하고 있다. 즉, 경제성장에 비해 증가가 억제
되는 가운데 정부와 사회보험의 부담 비율이 조금씩이지만 늘고 있다.

이러한 가운데 의료보험을 통한 보조에서 국가공무원은 일반 노동자
에 비해 대단히 우대를 받고 있다. 예를 들면, 국가공무원의 보충의료보
험에서 보험료는 개인이 부담하지 않으며, 급부의 상한액도 정해지지

않았다. 또한 진찰을 받을 때의 개인 부담액도 5~10% 정도이다. 가벼운 병이라면 이 차이는 별로 눈에 띄지 않지만, 만약 중병이나 만성질환에 걸렸을 때에는 혜택의 차이가 뚜렷해진다(窪田道夫, 2008a: 28).

중국에는 공산당 간부를 위해서 일반인이 이용할 수 없고 최신식 설비가 정비된 병동이 존재한다. 의료에서 이러한 혜택은 공산당 입당과 당내 지위 승격에 큰 동기가 된다.

현대판 '중국의학과 서양의학 간 논쟁'

중국의학의 현재

중국 정부는 의료제도에서 중국의학을 공인하며, 그 의사를 양성하기 위한 대학도 설치되어 있다. 그렇지만 오늘날 중국의학은 어려운 국면을 맞고 있다. 이것을 잘 보여주는 일화로 천샤오쉬陳曉旭 사건이 있다.

2007년 5월, 중국 고전소설의 하나인 『홍루몽紅樓夢』을 TV 드라마로 만든 작품에서 여주인공을 맡은 인기 여배우로 은퇴 후에는 광고회사를 차려 비즈니스 우먼으로도 활약했던 천샤오쉬가 유방암으로 사망했다. 2006년 봄, 오른쪽 유방에 통증이 생겨 이를 걱정한 가족이 검사를 받도록 권고했는데, 그녀는 서양의학에는 부작용이 있다고 하면서 검사를 받지 않았다. 결국 말기 유방암으로 진단받았는데 수술과 항암제의 투여를 거부한 채 사망했다. 42세의 젊은 나이였다.

이 사건을 놓고 후난성 중난대학中南大學의 장궁야오張功耀 교수는 수

천 년 전에 생겨난 음양오행설을 그대로 사용하고 있는 중국의학은 미신이라고 단정했다. 또한 중국과학원의 허쭤슈何祚庥 연구원도 천샤오쉬가 중국의학을 무비판적으로 신용한 탓에 사망 시기를 앞당겼다고 지적했다(≪朝日新聞≫, 2008. 2. 26). 이렇게 중국의학을 둘러싼 논의가 다시 불붙게 되었다.

21세기 중국의학과 서양의학 간 논쟁이라고도 말할 수 있는 이 논쟁에서 중국의학 비판의 논리를 펼친 장궁야오 교수는 이전부터 중국의학을 엄격하게 비판했다. 사건이 일어나기 전해에도 「중국의학과 그것에 기초한 약품과의 결별」(중국어 제목은 '告別中醫中藥')이라는 제목의 한 문장을 베이징대학 과학사·과학철학 웹페이지에 실었다. 그 날카로운 말은 동시에 인터넷상에서 중국의학의 공인을 취소하는 것에 대한 서명운동으로 이어졌다. 이에 대해 위생부의 쩡자오우曾昭武 교수를 비롯한 중국의학 관련 연구자는 일제히 장궁야오 교수를 비판했다.

중의약관리국의 대변인은 이 논쟁에 대해 "장궁야오 교수가 서양의학을 대표하고 있는 것이 아니며, 더욱이 과학의 대변인이 아니다. 실제로는 과학의 이름을 빙자해 비과학적인 행위를 하고 있으며 도덕적이라고 말하기 어렵다. 중국의학에 기초한 의약품에 관련된 사람들의 격노를 사며, 반드시 민중의 반대에 부딪힐 것이다. 서명에 응한 이는 겨우 138명에 그쳤다"라고 언급했다. 중국 정부는 중국의학을 옹호하는 자세를 취했던 것이다(陳懷耳·杜樂勛, 2007: 329~330). 그 배경에는 대체의학으로서 해외에서 중국의학의 영향력이 확대되고 있던 점과 중국의학을 배우는 유학생 수가 약 4,000명을 넘어섰던 점이 있다. 현실의 치료체

게 가운데에 중국의학이 엄
연히 존재하고 있다는 것도
그 배경이다(≪朝日新聞≫,
2008. 2. 26).

그러나 현실적으로는 중
국의학의 의사는 감소하고
있으며, 2006년에는 27만

한산한 중국의학 접수처 모습

명 정도로까지 감소했다. 많은 종합병원은 서양의학을 중심으로서 의료
서비스를 제공하고 있는데, 같은 병원에서 중국의학에 의한 치료도 행
해지는 곳이 많다. 사진은 후베이성 우한의 협화의원協和醫院 중국의학
접수 모습이다. 이 병원은 1866년에 영국인 선교사 존 그리피스John
Griffith가 개설한 한커우인제의원漢口仁濟醫院에서 그 역사를 찾을 수 있는
명문 의원이다. 필자가 이 병원을 방문한 2008년 3월의 어느 날에도 많
은 사람이 접수, 진찰 및 검사, 납부를 위해 긴 뱀 같은 줄을 이루고 있
었다(100쪽 사진 참조). 그런데 중국의학 접수는 서양의학의 그것에 비
해 대단히 한산했던 것이 인상적이었다.

의료제도 재건을 위한 모색

높은 자살률, 성인병, 환경오염

중국 사회가 직면한 문제의 한 가지로 정신건강과 관련된 영역이 있다. 도시와 농촌의 격차 가운데 농촌에서 남녀 모두 자살률이 높은 것은 대단히 큰 문제이다. 2002년 조사에 따르면, 인구 10만 명당 자살자가 도시에서는 남성 6.45명, 여성 7.03명인 반면, 농촌에서는 남성 23.67 명, 여성 30.50명이며, 농촌의 비교적 연령이 높은 남성과 젊은 여성이 많다. 여성의 자살률이 남성보다 높은 것이 중국의 특징으로, 남성이 도시로 이주해서 나가는 가운데 여성이 과도한 노동을 견디지 못하고 자살을 시도하는 일이 많고, 농약 등을 비교적 쉽게 손에 넣을 수 있는 것도 이를 조장한다(大谷順子, 2007: 121~122).

저출산·고령화가 추진되어 의료비 등 사회보장 경비의 균형 잡힌 부담이 어려워지고 있는 상황에서 성인병 예방은 긴급하고 중대한 과제이다. 유효한 대책이 취해지지 않는다면 향후 10년간 약 8,000만 명이 성인병으로 목숨을 잃고, 심장병·뇌혈관장애·당뇨병으로만 5,500억 달러의 경제적 손실이 발생할 것으로 추측된다(王文亮, 2008: 39). 한편 비용 부담의 현실과는 괴리된 형태로 의료의 고도화가 진행되고 있으며 CT 등 첨단 의료기기도 급속히 보급되고 있다. 그러나 그것을 충분히 활용할 수 없는 의료인이 기기를 함부로 사용하고 환자에게 과다한 부담을 요구하는 일도 많다.[7]

경제발전이 환경부하를 증대시켜 심각한 대기오염과 수질오염 등을 일으키고 있는 것은 명백하다. 특히 농촌의 수질오염은 심각하며, 농촌 인구의 약 40%에 해당하는 3억 명 정도가 고농도의 불소를 비롯한 유해

---

7   또한 매우 강한 방사선 피폭도 문제가 되고 있다(大谷順子, 2007: 161~162).

물질이 포함되어 안전성이 보장되지 않은 물을 음용하지 않을 수 없는 상황에 있다.

베이징 올림픽 개최는 국위를 떨친다는 의미가 있었다. 한편 국제적 비판을 피하기 위해 다시 경제발전과 환경부하의 균형을 어떻게 이룰 것인지가 문제가 되고 있다.

의료보험의 재건

2002년 11월 중국공산당은 제16차 당대회를 열어 후진타오胡錦濤[8]가 총서기에 취임하고, 이듬해 3월에는 제10기 전국인민대표대회(전국인대) 제1차 회의가 개최되어 원자바오溫家寶[9]가 국무원 총리에 올랐다. 후진타오·원자바오 정권의 최대 목표는 '과학적 발전관', 즉 경제모델을 수출 주도에서 내수 주도로, 또한 에너지의 대량 사용에서 효율적 사용으로 전환하는 것 등을 거시 통제를 통해 달성하고 중국 전체에서 조화로운 사회를 확립하는 것이었다. 그러나 도시와 농촌의 격차, 연해 지역과 내륙의 격차는 엄연히 존재하며, 의료와 사회보장의 측면에서도 그 차이가 표면화되었다.

중국은 의료제도가 안고 있는 다양한 문제를 해결해야 하며, 현재 이

---

8   후진타오(1942~)는 안후이성 지시현(績溪縣)에서 태어나 티베트자치구 서기로서 두각을 나타냈고, 1992년 중앙정치국 상무위원, 1998년에 국가 부주석, 2002년부터 총서기로 취임했다.

9   원자바오(1942~)는 톈진시 출신으로 1997년 중앙정치국 위원후보, 1998년 국무원 부총리를 지냈고 같은 해에 일어난 대홍수에 대응하는 데 앞장섰다. 2003년 중국 국무원 총리가 되었다.

를 놓고 많은 정책 논쟁이 벌어지고 있다. 그 주요한 논점은 ① 정부의 역할을 중시하며, 시장원리에 맡기는 것에는 회의적인 사고, ② 시장원리를 중시하여, 정부의 개입에 회의적인 사고, ③ 위의 어떤 것에도 속하지 않은 채, 시장원리에 따른 운용을 더욱 효과적인 것으로 보는 사고의 셋 중 어딘가에 위치하며, 의료제도를 둘러싼 정부와 시장 간의 관계를 중심으로 문제가 논해지고 있다(杜樂勛, 2007).

의료체제를 둘러싼 문제를 시장이 모두 해결해준다면 철저한 시장화가 그 처방전이 된다. 실제로 시장화는 상당한 정도까지 추진되었으나, 그에 따라 의료비의 상승과 의료 서비스의 불균등 등이 심각해졌다. 의료보험, 의료기관, 약품의 생산과 유통 등 모든 면에서도 시장에 어느 정도로 맡길 것인지를 둘러싸고 다양한 의견이 있다. 한편으로 정부가 큰 역할을 수행하는 영국식 제도, 즉 '전민의보全民醫保'의 도입을 지향해야 한다는 의견도 나오고 있다(顧昕, 2008).

의료를 둘러싼 문제는 다른 영역에 비해 공공성 측면에서 논의되는 것이 많으며, 정부 역할의 필요성에 대해서는 비교적 이해를 얻기가 쉽다. 그러나 정부가 시장보다도 의료 관련 사업을 잘 운영할 수 있다는 보증은 없으며, 결국 의료개혁은 딜레마에 직면하고 있다(加藤弘之·久保亨, 2009: 199).

개혁·개방정책이 전개되는 과정에서 중국의 경제발전을 뒷받침한 중요한 행위자는 농촌에서 도시로 이주한 노동자였다. 그들의 저임금이 중국 제품의 수출 경쟁력을 뒷받침한 것은 분명한 사실이다. 이주 노동자는 처음에 '맹류盲流', 이후 다소 부드러운 표현으로 '민공조民工潮'로 불렸으며, 현재는 '농민공'으로 불린다. 그들에 대한 사회보장제도, 예를 들면 실업, 의료, 연금 등의 제도 구축은 결정적으로 늦어지고 있다(嚴善平, 2009: 119~120).

즉, 중국에서 의료제도와 사회보장제도의 재구축은 공공성의 재구축과 다름없다. 그렇지만 그것에 모델이 있는 것이 아니며, 여러 외국에서도 그 역사와 문화 등의 전통, 경제적·사회적 현실, 세계화의 진전 등을 바탕으로 몇 가지 변수 속에서 제도와 이념이 논의된다(廣井良典, 2009).

그런데 현실적으로 중국의 사회보장, 특히 의료를 둘러싼 문제는 저출산·고령화가 진전되고 가까운 장래에 인구 감소가 시작되는 중국에서, 증가할 것으로 예상되는 부담을 담보하는 경제발전이 가능한지 여부의 문제이기도 하다.

개혁·개방 시대에 들어선 지 거의 30년이 지났다. 그 사이에 1989년 천안문사건으로 상징되는 왜곡이 표면화한 시기도 있었다. 그러나 1990년대 이후 급속한 경제발전 과정에서 경제 격차가 뚜렷해졌는데도 문제가 임계점에 다다르지 않고 지나간 것은 그럭저럭 경제발전이 유지되었기 때문이었다.

이러한 가운데 심각해지고 있는 농촌의 의료문제 해결을 위해 선택된 것은 결국 합작의료제도의 재구축이었다. 시범지구가 설치되고 2005년 6월 말까지 전국 641개 시범지구 내 약 2억 3,000만 명의 농민을 대상으로 하여 사업이 추진되어, 그중 1억 6,300만 명이 합작의료에 참가했다.

이후 농촌에서의 합작의료제도에 대한 참가율은 급상승하여 2008년 말에는 전국 약 2,800개 지방에 합작의료제도가 도입되고 약 8억 명의 농민이 참가하는 데 이르렀다. 그 결과 가입률은 90%를 넘어섰다(衛生部統計信息中心, 2009).

그러나 농민의 의료보험 가입률을 올리는 것을 추구한 결과 반강제적인 가입이 행해지는 경우도 있었다. 이러한 의료보험제도는 정부와 개인 간의 계약관계인 동시에 어느 정도의 가입률을 유지하지 못하면 비용을 부담하는 것이 어렵다. 그런 의미에서 강제력을 띠지 않을 수 없는 측면이 있다는 점도 부정하기 어렵다. 그때 문제가 되는 것은 개인이 정부를 어디까지 신뢰하는지, 즉 정부가 공공성을 어디까지 담보하는지의 문제이다.[10]

2008년 가을부터 미국발 금융위기가 중국에도 파급되었고, 2009년 춘절(구정) 전후에는 저임금노동으로 중국의 경제발전을 뒷받침해왔던 1억 3,000만 명의 농민공의 15%에 해당하는 약 2,000만 명이 금융위기에서 비롯된 경제위기에 따른 공장의 폐쇄 등으로 일자리를 잃었다는 추계도 있다(≪每日新聞≫, 2009. 2. 3).[11]

결국 문제는 사회보장을 둘러싼 정부의 관여 정도, 즉 사회국가와 복지국가 모델에 의한 '큰 정부'인지, 아니면 많은 부분을 민간과 시장에 맡기는 '작은 정부'인지 하는, 의료와 사회보장을 둘러싼 정책 문제가 되지 않을 수 없다.

---

10 이것은 중국만이 안고 있는 문제가 아니라 의료보험 등 사회보장에 정부가 관여하게 되는 이상, 어떤 지역에서나 발생하는 문제이다.

11 최근에는 중국 정부의 경기자극책도 있으며 광공업 생산도 포함하여 중국 경제 전체의 상황에 좌우된다고 해도 좋을 현실이 조성되고 있다.

중국의 사회보장을 둘러싼 현실은 빈부 격차 증대, 의료·연금·교육 등에서 많은 과제를 안고 있으며, '큰 정부'에 의한 재분배기능의 강화가 추구되었다(加藤弘之·久保亨, 2009: 219).

　그러나 사회보장을 담보하는 '큰 정부'로의 회귀를 결론으로 하는 것은 불가능하다. 중국의 의료와 소득세를 둘러싼 상황의 변수는 결코 단순하지 않기 때문이다. 의료와 사회보장을 위한 재원을 확보하려면 세수를 확대해야 한다. 그러나 법인세와 소득세를 인상하면, 외자는 생산 거점을 인도 등으로 이동시킬지도 모르며, 이는 '세계의 공장'으로서 저렴한 가격의 노동력을 바탕으로 국제경쟁력을 유지해온 중국의 기본적인 전략과도 관련되는 문제이다(大泉啓一郎, 2008. 10. 13).

제6장

조화로운 사회의 사회보장
사회보장의 재편과 사회복지의 태동(2002년~현재)

　　1990년대 사회보험의 설계는 국유기업을 시장경제로 연착륙시키는 것에서 서서히 사회 전체를 향해 더욱 다양하고 광범위한 생활보장을 실현하는 방향으로 전환되었다. 앞에서 언급한 양로와 실업 이외의 분야에서도 1994년의 「노동법」에서 규정한 다섯 가지 사회보험을 전국 수준에서 시행하기 위한 제도가 정비되었다.[1]

　　그러나 현실에서 도시의 취업 인구 중 과반수가 사회보험의 틀에서 벗어나 있었다.[2] 또한 농민의 양로보험은 소득 재분배 효과가 없고, 농

1　다섯 가지 사회보험이란 양로·실업·의료·노재(勞災)·생육보험을 일컫는다. 1994년에는 「기업 중량원 생육보험 시행판법(企業重量員生育保險試行辦法)」이, 1996년에는 「노동재해보험 시행판법(勞動災害保險試行辦法)」이 공포되었다. 노동재해에 대해서는 1998년부터 지방 단위에서 보험 개혁이 시행되었는데, 1994년 「노동법」과 1996년 「시행판법(試行辦法)」에 의해 국가 단위에서 통일된 보험제도가 적용되었다.

2　2000년 도시의 기업 종업원 가운데 가입자 비율은 기초연금이 45.1%, 실업보험이

민공에 이르러서는 무보험 상태가 일반화되었다. 개혁이 가장 많이 추진되었다고 여겨지는 양로보험과 실업보험마저도 보험료의 미지급과 개인계좌의 공동화, 가입률 저조 등 불안 요인을 안고 있었다. 20세기 말에 사회보험은 제도상의 다원화는 실현했지만 생활보장으로서 그 기능 측면에서는 결함으로 가득한 상태였다.

　21세기의 과제는 이러한 사회보험의 구멍을 메우는 동시에 실제적인 생활보장을 실현하는 것이었다. 구체적으로, 도시에서는 공缸계좌를 해소하고 양로보험의 안정화를 도모하며, 또한 실업보험과 노재보험 가입자를 확대하고, 의료보험[3]을 확립하며, 농민공을 대상으로 한 사회보험 제도 설계에 착수하는 것, 그리고 농촌에서는 사회보험을 충실히 하여 최종적으로 도시와 농촌으로 분리된 현행 제도를 통일하는 것이었다.

농촌과 농민공의 사회보험

농촌에서의 사회보험 도입 배경

　개혁·개방 시기에 도시에서는 사회보험을 중심으로 하는 개혁이 추진되었는데, 농촌은 그 제도의 바깥에 놓였다. 20세기의 사회보장제도

　45.0%이며, 기초의료보험은 12.4%, 노재보험은 12.6%에 그쳤다. 상세한 내용은 〈표 6-1〉을 참고하기 바란다.

3　의료보험에 관해서는 제5장을 참조하기 바란다. 이 장에서는 의료를 제외한 생활보장을 다룬다.

개혁은 주로 국유기업 개혁 추진을 목적으로 했기 때문에 농촌에서 제도 정비가 미루어졌던 것이다. 또한 도시와 농촌을 분리하는 호적제도도 이러한 개혁의 이중구조를 조장했다.

무엇보다 농민에게는 도시 주민에게 없는 생활보장의 자원이 있었다. 생산청부제도의 도입으로 농민은 세대마다 '토지'라는 생산수단의 사용권을 획득했다. 농작업이 가능한 기간에는 농지라도 있으면 자급자족이 가능하다. 이러한 '토지의 사용권'은 현재에 이르기까지 농촌에서 가장 큰 생활보장 기능을 하고 있다.

그러나 농민의 평균수명이 늘고 젊은이가 도시로 빠져나가면서 농촌에서는 고령화가 급속하게 진전되었다. 농삿일을 하기 어려운 나이가 되면 생산수단으로서 경지는 의미가 희미해진다. 또한 연해안에서는 농촌의 도시화가 뚜렷해지고, 내륙에서도 경제성장을 추구하여 경제개발구가 난립함으로써 농지 수용이 왕성하게 이루어졌다. 그 결과 최후의 버팀목이었던 토지의 사용권을 상실하는 농민(이른바 '실지 농민')도 늘어나고 있다.[4] 나아가 경지 면적이 감소하면서 농업이 농민의 수입에서 차지하는 비중도 줄어들고, 공업과 서비스업에 종사하여 농업 이외 수입으로 생활을 의존하는 경우가 많아졌다.

이와 더불어 한자녀정책의 침투와 젊은이의 유출로 농촌에서는 가족의 규모가 축소되고 있다. 농촌에서 1세대당 구성원 수는 1978년 5.7명

---

4   국무원 발전연구센터 과제조에 따르면, 1987년부터 2001년 사이에 적어도 3,400만 명의 농민이 토지를 상실(또는 소멸)했다고 한다(段家喜, 2007: 189).

에서 2003년에 4.1명으로까지 하락했다. 이처럼 중국이 '세계의 공장'으로서 대두하는 한편으로 농촌에서는 토지와 가족에 의존하는 기존 형태의 생활보장이 약화되었다. 이러한 사태에 대해 풍요로운 연해안 일부 농촌에서는 경제성장으로 얻은 부를 이용해 독자의 보험기금을 구축하고자 했다. 이상과 같은 배경으로부터 가족과 토지를 대신하여 생활보장으로서 농촌에서도 사회보험의 필요성이 인식되었던 것이다.

농촌의 양로보험 도입과 문제점

농촌에 대한 사회보험 도입은 도시와 마찬가지로 양로보험에서 시작되었다. 1992년에 민정부民政部가 「현급 농촌사회 양로보험의 기본안(시행)」을 제정함으로써 농촌에서도 결국 60세부터 연금 수급이 제도적으로 가능해졌다. 다만 도시의 기초연금과 달리 농촌의 그것은 어디까지나 개인계좌에 대한 적립을 기본으로 하는 완전 적립제이며, 거출 면에서도 피보험자 본인의 납부가 중심이었다. 향진·촌 또는 향진기업 재정 상황에 따라 보조를 제공하는데, 보험료의 50% 이상은 개인의 거출로 하는 것을 원칙으로 했다. 즉, 재분배보다도 저축에 기능의 중점이 두어졌다고 할 수 있다.

그래도 재분배 부분에 대해서는 지방마다 다른 방법과 수준이 채택되었다. 쑤저우蘇州와 우시無錫 등 향진기업이 발달한 쑤난蘇南 지방에서는 개인계좌를 통한 적립과 동시에 고용주에게도 보험료 거출이 의무화되었다. 장자강시張家港市를 사례로 보면, 보험료는 전년 농촌 1인당 수입 대비 4%에서 16% 사이에서 선택한다. 보험료는 고용주와 개인이 절반

씩 낸다. 상하이 교외의 농촌에서도 이 방식을 채택하고 있다(蔡昉, 2008: 291).

또한 광둥성 둥완시에서는 2002년에 '농민기초연금제도'를 설립했는데, 이것은 도시의 보험과 유사하게 설계되었으며, 보험료는 본인과 농촌공동체('집체', 이 경우는 촌과 향진기업을 지칭함)가 거출하고 개인계좌와 공통기금에 적립했다.[5] 2001~2005년에는 매월 1인당 400위안을 기수基數로 하여 본인이 5%, 농촌공동체가 6%, 합계 11%를 보험료로 거출했다. 다만 본인 부담의 보험료율은 5년마다 1%씩 인상되어 2016년 이후에는 14%의 수준을 유지한다. 한편 베이징에서는 농민이 임의로 가입하는 '베이징시농촌사회연금'이 설립되었다. 그러나 2006년에 발표된 사회과학원의 농촌사회보장제도 연구과제팀의 보고에 따르면, 실제 대부분 지방에서 향진과 촌으로부터의 보조가 이루어지지 않고, 개인의 거출에만 의존하고 있었다(劉書鶴·劉廣新, 2005: 23). 그런데 농촌 양로보험은 공적 기관에서 관리·운용하는 것이지만, 내실은 재분배기능이 없는 저축성 상업보험에 가까운 성질을 보였다. 즉, 기초연금으로서 자리매김해 있지만 공적보험의 성격을 가진다고는 도저히 말하기 어려운 상황이다(國際協力機構, 2009: 30).

또한 농촌 기초연금은 급부 수준이 대단히 낮고, 생활보장의 버팀목

---

5 보험료 가운데 본인의 거출분은 모두 개인계좌로 들어간다. 또한 농촌공동체가 거출한 6%의 절반도 개인계좌로 적립되었는데, 나머지 3%는 공통기금에 할당된다. 수급할 수 있는 연금의 월액은 150위안을 표준으로 하여 개인계좌 잔액의 120분의 1이 가산된다(蔡昉, 2008: 291).

으로서 의미가 거의 없다. 상기의 기본안에 따르면, 보험료는 정액으로 매월 2~20위안의 범위에서 거출하는 것이 정해져 있는데, 대다수 농민은 최저한인 2위안을 선택했다.[6] 민정부의 연금수급계산표에 따르면, 2위안의 월액 보험료를 20년간 적립했을 경우 15년 후에 받을 수 있는 연금은 겨우 매월 9.9위안이다. 그나마 관리비 증대[7]와 은행 이율 하락이 발생한다면 이 수준보다도 내려가게 된다. 특히 향진정부의 재정에 여유가 없고 향진기업이 쇠퇴한 내륙에서는 연금기금의 유용을 걱정하는 농민이 많으며, 신용을 유지하는 것이 어려워졌다. 이 때문에 가입률(피보험자/농촌 취업인구)은 정점 때인 1998년에도 16%에 그쳤다. 나아가 1999년부터는 탈퇴가 이어졌고, 2007년 가입률은 10.9%로 하락했다 (〈표 6-1〉 참조).[8] 풍요로운 연해안의 농촌에서는 급부액이 너무 낮은 사회보험과는 달리 촌에 독자적 양로기금을 설치하여 농민공과 외지인을 제외한 촌의 공동체 구성원에게만 양로보험을 급부하는 '쌍보제雙保制'를 채택하는 사례도 나오고 있다.[9]

---

6   1995년 말, 전국의 1인당 보험 적립액은 60위안이었다(劉書鶴·劉廣新, 2005: 24~
     25). 1992년 초부터 환산하면 1개월 평균 거출액은 1인당 1.25위안이 된다.
7   돤자시(段家喜)에 따르면 해당 지방정부의 보험기구는 3%의 수수료를 보험료에서
     뗀다고 한다(段家喜, 2007: 190).
8   1999년에 농촌 연금의 소관 부처가 민정부에서 노동사회보장부로 이전되면서 이
     기금을 장래에 상업보험으로 만드는 것이 시사되었는데, 이에 가입자가 동요되어
     2,000만 명이 탈퇴했다.
9   선전(深圳) 경제특구의 난링춘(南嶺村)에서는 촌민이 50세가 되면 매월 1,500위
     안을 촌 단독의 양로보험기금으로부터 급부한다. 이것은 농촌 양로보험의 연금보
     다도 높은 액수이다.

표 6-1 **사회보장의 가입자와 가입률**(1990~2007년, 단위: 만 명, %)

구분			1990년	1995년	2000년	2004년	2005년	2006년	2007년
도시	기초연금	가입자	5,201	8,738	10,447	12,250	13,120	14,131	15,183
		가입률	30.5	45.9	45.1	46.3	48.0	49.9	51.7
	기초의료보험	가입자		703	2,863	7,975	9,044	10,022	13,420
		가입률		3.7	12.4	30.1	33.1	35.4	45.7
	실업보험	가입자		238	10,408	10,372	10,584	10,648	11,645
		가입률		43.3	45.0	39.2	38.7	37.6	39.7
	노재보험	가입자		2,615	4,350	4,575	6,875	8,478	12,173
		가입률		13.7	18.8	17.3	25.0	29.9	41.5
농촌	양로보험	가입자		5,143	6,172	5,378	5,442	5,374	5,172
		가입률		10.5	12.6	11.0	11.2	11.2	10.9

주: 노동통계연감의 수치를 기초로 함.
자료: 蔡昉(2008: 268).

농민공의 사회보험

앞서 언급한, 농민을 대상으로 하는 사회보험은 호적제도에 따라 도시와 농촌으로 구분하여 설계되었다. 그렇지만 농민공이 증대하면서[10] 기존 사회보험의 보장 대상에서 배제된 자가 급증했다. 농민공은 농촌 호적을 지닌 상태로 도시에서 일하고 있기 때문에 호적상 도시에서 수입을 얻어도 도시 주민의 보험에 가입할 수 없다. 도시에서의 정주 경향이 강해지는 가운데 호적 소재지인 농촌의 양로보험에 가입해도 수급이 물리적으로 어려울 뿐만 아니라, 수급액도 정액이어서 도시에서 생활하는 데에 도움이 되지 않는다. 또한 앞에서 언급한 바와 같이, 연해의 풍요로운 일부 지방을 제외하면 농촌 양로보험은 개인이 보험료를 100%

---

10 농민공의 수는 2006년의 당시 1억 2,000만 명으로 추계되었다.

부담한다. 나아가 이 보험은 확정 거출의 완전 적립제이며, 그 운용처도 국채와 정기예금으로 제한되어 있다. 그런데 농민공의 입장에서 본다면 도시에 머물면서 스스로 은행에 정기예금을 하고 국채를 구입하면 그와 다를 바 없는 것이 된다. 이 때문에 농민공의 과반수가 사회보험에 가입하지 않는 것이 드문 일은 아니다.

그러나 21세기 들어 농민공의 시위와 파업 등 노동문제와 관련한 저항운동이 강해지면서, 사회적 안정을 위해 사회보험 가입을 추진하고 개혁이 다시 확대되고 있다. 현재는 지방마다 다른 모델이 모색되고 있는데, 예를 들면 광둥성과 정저우시鄭州市는 농민공을 도시의 기초보험에 편입하는 방식을 채택했다. 이와 달리 상하이시와 청두시成都市는 농민공 독자의 상업보험을 만드는 방법을 선택했다(〈표 6-2〉 참조). 저장성은 농민공의 보험료를 인하하는 조치를 강구하고 있다(蔡昉, 2008: 265).

그러나 현재로서는 어떤 방식이든 농민공의 가입률이 매우 낮은 상태이다. 2004년을 기준으로 농민공의 고용주 가운데 88.5%가 보험에 가입하지 않은 것으로 조사되었다(劉傳江·徐建玲, 2008: 218).[11] 또한 2006년에 국가통계국이 31개 성의 농민공 2만 9,425명을 대상으로 한 조사를 기초로 하여 왕란王冉과 성라이윈盛來運이 조정한 결과에서는 사회보험 가입률이 연금 20.08%, 의료 19%, 노재 27.92%였다. 2003~2005년

---

11 우한대학 경제연구소에서 2005년에 실시한 표본조사에 따르면, 농민공 436명의 사회보험 가입 현황은 연금이 8명(1.8%), 의료가 4명(0.9%), 노재가 28명(6.4%), 실업이 3명(0.7%)이며, 어떤 사회보험에도 가입하지 않은 이가 394명(90.4%)으로 가장 많았다(劉書鶴·劉廣新, 2008: 219).

표 6-2 **기초연금에의 농민공의 가입 방식**

	선전 방식	베이징 방식	상하이 방식
대상	해당 시 이외에 호적이 있는 종업원	본 시 행정구역 내 기업 및 자영업자와 노동관계가 있는 해당 시 또는 해당 시 이외의 농민공	해당 시의 취업조건을 충족하고, 해당 시에서 노동 또는 상업 매매하는 자로서 해당 시의 상주 호적이 없는 다른 성·시·자치구 출신 주민(단, 가사노동자와 농업 종사자 제외)
보험료율	13%(본인 5%, 기업 8%)	27%(본인 8%, 고용주 19%)	12.5%(고용주가 전액 부담. 고용주가 없으면 본인 부담), 그중 7.5%는 노재와 의료보험, 5%는 '고령수당'에 사용), 해당 시외에서 공사(工事)하는 기업은 7.5%
보험료 거출 계산 대상	임금 총액의 월액. 다만 해당 도시의 전년도 도시 종업원의 평균임금 월액의 60%보다 낮은 경우는 60%로 거출	해당 시 종업원의 전년도 최저임금(월액) 기준	전년도 시 전체 종업원 평균임금의 60%
수급 수준	1992년 9월 1일에 취업한 선전시 호적의 종업원과 마찬가지로 법정 퇴직 연한 전에 만 15년간 보험료를 납부하면 기초연금(기초적 연금+개인계좌)을 수령할 수 있다. 납부 기한이 15년 미만으로 정년 퇴직 연령에 도달했거나 정년퇴직 연령 전에 이동과 사직으로 선전 특구를 떠날 경우는 개인계좌의 적립분 전액을 이동처의 사회보험기구에 불입하거나 본인에게 돌려준다.	법정 퇴직 연한에 달할 때에 일시 지급으로 기초연금을 수령할 수 있다. 기초연금은 ① 개인계좌의 적립액과 그 이자, ② 납부 기간의 당초 12개월에 대해 당해 연도의 해당 시 종업원 최저임금의 평균 1개월분을 수급한다. 그 후는 납부 기간 1년마다 그해 해당 시 종업원 최저임금 평균액의 0.1개월분을 가산한다.	'고령수당'의 대우에 대해 당 판법은 이하와 같이 규정한다. 시외에서 공사하는 기업을 제외하고 고용주 및 고용주가 없는 다른 성·시 출신 종업원은 연속해서 만 1년간 보험료를 내면 '고령수당' 증명이 부여된다. '고령수당'의 한도액은 해당인의 보험료 거출 계산 대상의 5%를 상한으로 한다. 남성은 만 60세, 여성은 만 50세에 달했을 때 중국인수보험공사(中國人壽保險公司)의 각 영업지점에서 고령수당 증서를 제시하고 고령수당과 교환한다.
공포 시기	2000년 12월	2001년 8월	2002년 4월
공포 기관	선전시 인민대표대회 상무위원회	베이징시 노동사회보장국	상하이시 인민정부
집행 법규	선전 경제특구 기업종업원 사회양로보험조례	베이징시 농민공 양로보험 잠정판법	상하이시 외래종업원 종합보험 잠정판법
집행 도시	선전, 정저우	베이징	상하이, 청두

자료: 徐明(2007: 156~157).

에 걸친 조사의 수치에 비한다면 농민공의 사회보험의 가입률은 상승했다고 말할 수 있지만, 〈표 6-1〉에서 제시한 도시의 주민에 비하면 연금과 의료는 상당히 낮다(王冉·盛來運, 2008: 11).[12]

이처럼 가입률이 낮은 요인 중 한 가지로는 농민공의 임금수준이 낮아 보험료를 내는 데 부담감이 크다는 점을 들 수 있다. 또한 농민공은 유동성이 높은데, 관리 방법이 지방마다 다른 현행 사회보험제도에서는 이동한 곳에서의 수령을 확신할 수 없다는 것도 가입률에 영향을 준다. 그리고 기업 측이 인건비를 절약하고자 농민공의 사회보험료를 체납하거나 지급하지 않기도 하고, 나아가 농민공이 자신이 희망하는 사회보험에 가입하지 않는 측면도 있다.[13] 또한 농민공에 대해서는 일단 사회보험에 가입해도 이동과 전직 또는 귀성을 할 때 보험을 인출하는 현상이 보편적으로 벌어진다. 광둥성에서는 사회보험에 가입한 농민공의 95% 이상이 탈퇴한다고 한다. 선전시에서 기초연금에 가입한 농민공은 50만 명 전후인데, 그중 12만 명 이상이 매년 보험 적립금을 인출하고 있다(劉傳江·徐建玲, 2008: 227). 이상과 같이 농민공을 사회보험에 포섭

---

12 2005~2006년 상하이사회과학원 인구연구소에서 실시한 설문조사에서도 상하이시에 거주하는 외성인(外省人) 전용 사회보험('종합보험'이라고 불림)에 가입한 비율은 67.7%에 불과했다. 그중 70%를 차지한 농촌 호적의 노동자는 72.4%가 미가입한 상태였다(澤田, 2008: 137~138).

13 우한대학 경제연구소 조사에 따르면, 사회보험에 가입하기를 희망하는 농민공은 가장 많은 양로보험에서도 28.4%(124명)에 불과했다. 이어서 의료보험이 20.9%(91명), 노재보험이 17%(74명), 가장 적은 것이 실업보험으로 12.6%(55명)였다(劉傳江·徐建玲, 2008: 219).

하려는 시도는 지금도 실험 단계에 있다고 할 수 있다.

도시에서 사회보장의 재편과 한계

양로보험의 재편: 개인계좌의 완전 적립과 비용 부담의 미래

농촌에서의 개혁이 시행착오를 거듭하는 한편, 도시의 사회보험도 재편에 내몰리게 되었다. 그중 양로보험에서 개인계좌의 공동화는 공공연한 사실로 보도되고, 사회보험에 대한 신용을 흔들었다. 이에 대해 중앙정부는 이중 부담이 특히 큰 지방, 즉 구舊 대형 국유기업을 많이 안고있던 랴오닝성을 대상으로 2001년부터 새로운 보험 방식을 시험적으로채택했다. 당초 목적은 개인계좌의 공동화를 방지하고 적립 방식을 확립하는 데에 있었다. 랴오닝성의 실험을 거쳐 2004년에는 지린성吉林省과 헤이룽장성黑龍江省이 실험에 가담하고, 2006년부터는 톈진, 상하이, 산시山西, 산둥山東, 허난河南, 후베이湖北, 후난湖南, 신장新疆이 새로운 기초연금 방식의 대상이 되었다.

동북 3성에서는 개인계좌에 대한 보험료 납부가 고용주와 피보험자의 공통 부담이 아니라 어디까지나 본인의 의무였다. 동시에 본인이 납부하는 보험료율도 8%로 인상되었다. 한편 고용주가 종래에 개인계좌에 거출했던 3%의 보험료는 사회공통기금으로 충당되었다. 또한 랴오닝성에서는 기업 단위에서 연금기금의 유용을 방지하기 위해 급부 업무를 은행과 사구社區(이른바 커뮤니티)에 이관했다. 나아가 성 단위의 사회통일연금기금조정제도를 제정하고, 각 시의 연금기금 잔고의 5%를 4반기마다 성 정부가 징수하여 잔고가 많은 시로부터 적은 시로 재분배했다(森田雅典, 2003: 10).[14] 이에 더해 동북 3성에서는 개인계좌의 완전 적립을 실현하기 위해 계좌의 보험료 부족분을 중앙정부와 지방정부가 보조하게 되었다.

　다시 말해, 이 개혁의 본질은 부과 방식에서 적립 방식으로 이행하는 데 따른 비용 가운데 지금까지 고용주(기업)가 부담해온 부분을 종업원 본인과 정부가 내도록 하는 데 중점을 둔다. 그러나 동북 3성의 실험은 그 전환이 용이하지 않다는 것을 오히려 명백하게 했다. 랴오닝성에서는 개인계좌에 적립된 보험료에 대해 본인 거출의 8%에 더하여 정부재정으로 5%(중앙정부가 3.75%, 지방정부가 1.25%)를 보전했다. 그러나 지린성과 헤이룽장성에서는 종업원 본인의 보험료 부담 인상을 요구하는 것이 불가능했고, 거출률은 5%에 그쳤다. 완전 적립에 부족한 분량은 랴오닝과 마찬가지로 중앙정부와 지방정부에서 보전했다. 나아가 2006년에 채택된 8개 성·시·자치구의 연금 개혁에서는 개인계좌의 보험료율이 한층 낮은 3%로 설정되고,[15] 부족분에 대한 지방정부의 거출이 없어져 중앙정부만이 3.75%의 보전을 실시하게 되었다. 그럼에도 중앙정부

14　이러한 랴오닝성 모델의 성과를 기초로 중앙정부는 2003년에 시범지역을 헤이룽장성과 지린성으로 확대했다. 나아가 2006년에는 상하이, 톈진, 산시, 산둥, 허난, 후베이, 후난, 신장 등 8개 성·시에 50억 위안의 재정을 투입하고 헤이룽장·지린 모델을 기초로 한 새로운 제도를 적용했다.

15　다만 3%에서 단계적으로 인상한다.

가 보전하는 곳은 중서부의 성·자치구뿐이며, 동부의 성에 대한 중앙의 보전은 원칙적으로 없어졌다(大和總研, 2009: 31~32).

이러한 일련의 조정에서 알 수 있는 것은 개인계좌의 완전 적립 시도가 계좌의 급부 수준을 인하하게 되었다는 것이다. 물론 지금까지는 개인계좌가 공동화하고 있었기 때문에 적립 수준이 낮아져도 제로보다는 불어난다고 하는 사고방식도 가능하다. 그럼에도 실제로는 개인계좌의 적립에는 부족분이 생기며, 이것을 보전하는 데에는 최종적으로 중앙정부의 재정투입이 필요하다는 것이 명확해졌다. 2006년 노동사회보장부의 공보에 따르면, 기초연금의 지출 총액은 4,897억 위안인데, 수입에 해당하는 보험료 납부액이 5,215억 위안으로, 연간 잔고는 318억 위안에 그쳐 같은 해 전국 급부액의 1개월분도 되지 않는다. 이러한 부족분을 보전하기 위해서 중앙재정에서 774억 위안, 지방정부로부터의 보전을 포함하면 총 971억 위안의 재정 보조가 실시되었다. 그 결과 2006년도의 누적 잔고는 5,489억 위안에 달하고 결국 1년여의 급부액에 상당하는 액수에 이르렀다.

이상과 같이 2004년부터 이루어진 개혁의 목적은 개인계좌의 공동화를 해소하고 완전 적립으로 하는 것이었는데, 현실에서는 ① 개인계좌부분을 축소하고 그 분량을 공통기금 부분으로 할당하는 것, ② 최종적으로는 중앙정부의 재정투입에 대한 의존이 늘고 있는 것을 통해 중앙재정을 통한 재분배기능의 강화 경향을 살펴볼 수 있다.

해소되지 않는 사회보장의 과제와 상업보험의 맹아

기초연금이 중앙정부의 재분배에 의존하게 된 데에는 도시의 퇴직자에서 점하는 기초연금 수급자의 가입률이 보험료를 지출하는 현역 노동자의 그것보다도 높은 수준을 유지해왔다는 배경이 있다는 점에 유의할 필요가 있다. 2003년의 수치를 살펴보면, 현역 노동자의 가입률은 45.4%인 데 비해 연금 수급자는 85.3%에 이르렀다. 또한 증가세도 후자 쪽이 강하다. 현역 노동자의 가입률은 1998년 기준 39.2%로, 퇴직자의 가입률은 75.9%였으므로 전자가 6.2포인트 상승하는 사이에 후자의 상승폭은 9.4포인트가 되었다는 것을 알 수 있다(段家喜, 2007: 192). 그 결과 연금의 소득대체율(현역 때 임금수준에 대한 연금의 비율)은 계속 저하했다. 소득대체율을 '전업 종업원의 임금평균'에 대한 '퇴직자의 평균 연금 수급액'으로 계산하면 1998년에는 70.93%였던 것이 2003년에는 58.6%로 하락했다.

보장 수준이 이처럼 저하하는 경향은 실업보험에서도 나타난다. 〈그림 6-1〉을 보면, 등록된 수를 기준으로 실업자 수가 증가하고 있는 반면 실업보험 수급자는 반대로 줄어들고 있다. 나아가 소득 대체율은 2001년 이래는 한계점에 도달한 상태가 되어, 2003년부터는 조금씩 떨어지고 있다. 또한 그 수준은 평균임금의 20%에 지나지 않는다. 이러한 급부 수준으로는 빈곤을 예방하는 것은 불가능하다. 실업보험의 수준은 도시의 최저생활보장보다는 높고 최저임금보다는 낮도록 설계되었는데, 2005년 이래 실업보험기금의 흑자 규모가 급속하게 확대되어 2007년에 250억 위안을 기록한 것을 고려하면, 실업보험은 급부의 질과 가

그림 6-1 **실업보험의 수급자율과 소득 대체율**

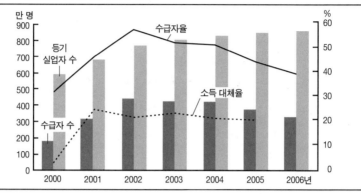

자료: 蔡昉(2008: 312~313)를 기초로 재구성.

입률 모두 낮은 수준으로 억제되었다고 말할 수 있다.

무엇보다 양로연금과 실업보험이 답보 상태인 것과 달리 의료보험과 노재보험의 가입률은 눈부시게 상승하고 있다. 무엇보다 노재보험은 2000년 당시 가입률이 18.8%에 이르렀다. 또한 당시의 가입률은 지방마다 큰 격차가 있었다.[16] 그럼에도 노사보험기금이 1999년 말에 약 45억 위안의 적립을 실현하게 되었던 것은 다액의 보험료를 징수했기 때문이 아니다. 보험료율은 임금 총액의 1% 이하로 억제되었다. 노재보장기금이 흑자를 달성한 배경에는 실업보험처럼 보험금 급부에 엄격한 제한을 가했다는 사실이 있다. 양로나 실업과 달리 노재보험은 시행판법 이전의 노재 피해자에 대해 노재보험기금에서 급부를 하지 않았다. 이

16　가입률이 50%를 넘은 지방은 7개 성밖에 없고, 가장 높은 지방은 90%를 넘었으며, 가장 낮은 성은 1.25%였다(郭曉宏, 2004: 181).

때문에 연금과 같은 이행 비용을 떠안지 않았다. 나아가 일부 지방에서는 탄갱과 건설, 운수 등 사고 발생 위험이 큰 업종을 노재기금에서 제외했다(郭曉宏, 2004: 182).

그러나 2004년부터 노재보험조례가 시행되고, 노재의 범위와 인정 기준, 절차가 정해지자 가입률은 서서히 상승하여 2007년에는 40%를 넘었다(〈표 6-1〉 참조). 그 요인의 한 가지는 농민공의 가입이다. 전술한 바와 같이, 농민공의 사회보험 가입률은 전반적으로 낮은데, 노재보험은 예외라고 할 수 있다. 2008년 말의 노재보험의 가입자는 1억 3,800만 명인데, 그 가운데 농민공이 4,900만 명을 점하고 있다. 다만 노재보험은 관리운영을 원칙으로 시 단위에서 관할하고 있기 때문에 지역 간 단절이 문제가 된다(大和總硏, 2009: 51).

나아가 〈표 6-1〉은 『노동통계연감』의 수치에서 산출한 것인데, 2005년의 인구 1% 표본조사를 사용하고 종업원을 포함하면 모든 사회보험의 가입률도 더욱 낮아진다. 차이팡蔡昉의 추산에 따르면, 양로보험은 가입률이 31.9%로, 실업보험은 38.7%, 기본의료보험은 31.8%로까지 내려간다고 한다(蔡昉, 2008: 270).

이번 장의 앞부분에서 논한 바와 같이, 21세기의 과제는 연금보험에서 개인계좌의 공동화를 예방하는 것이고, 실업보험과 노재보험에서는 가입자를 확대해 농촌과 농민에 대해서는 농민공의 사회보험 가입을 촉진하고 농촌의 사회보험을 충실하게 하여 도시와 농촌의 단절을 완화하는 것이었다. 그러나 앞에서 본 바와 같이, 이러한 목적은 노재보험의 가입률 상승을 제외하면 충분히 달성되었다고 말하기 어렵다.

'사회주의 조화로운 사회의 구축'이라는 슬로건은 격차가 확대되는 현 상황에서 사회적 안정을 추구한 것이었다. 사회보장 개혁은 그 한 부분을 담당할 것으로 기대되었다. 그러나 1991~2001년의 10년 동안 도시 주민 1인당 사회보장 지출은 국민총생산GDP의 15%를 점했던 것에 반해, 농민 1인당 사회보장 지출은 국민총생산의 0.17배에 그쳤다(蔡昉, 2008: 272). 또한 관민官民 격차도 남고 있다. 공무원과 정부 관련 기관 직원의 연금은 정부재정에 보장된 확정 급부 방식으로 운용되며, 일반의 사회보장보다 소득 대체율이 높다.[17] 또한 농촌에서도 경력이 많은 간부와 당원은 토지의 사용권을 보유하는 동시에 지방 정부(당)의 사회보험에도 가입할 수 있다.

나아가 2006년의 새로운 기초연금제도가 연금의 급부액을 현지의 평균수명에 연동시키고 있다는 점도 주의해서 볼 필요가 있다. 평균수명이 연장될수록 2회에 걸친 급부액은 줄어들게 된다(三浦有史, 2007: 4). 이 상태로 고령화가 진전되면 결국 연금 급부의 개시 연령이 높아질 수밖에 없다. 또한 소득 격차가 확대되는 가운데 기초연금의 보장 수준이 장기 하락하는 경향을 보이면 중간층은 생활보장의 수단으로서 기초연금보다 기업보험과 상업보험에 의존하게 될 것이다.

무엇보다 현 시점에서는 임금수준이 높은 연해안 대도시에서도 기업

---

17 2003년 기준 기업의 기초연금의 소득 대체율은 58.6%였는데, 이에 비해 '사업단위'(정부 관련 사업단체)에서는 96.66%, '기관단위'(정부 관련 기관)에서는 97.35%였다(段家喜, 2007: 192). 사업단위와 기관단위에서는 정년퇴직 후에도 재직 중의 급여와 거의 같은 수준의 연금이 확보되고 있다.

보험과 상업보험에 가입하는 이가 한정되어 있다. 베이징대학 중국국정 연구센터의 2004년 방문조사에 따르면, 회답한 베이징 거주자 617명 중 사회보험에 가입한 이는 37.1%였고, 기업이 종업원을 위해 상업보험에 가입한 경우는 17.3%, 개인이 직접 상업보험에 든 경우는 겨우 7.0%에 머물러 있다(楊明 外, 2007: 124). 다만 현역 노동자 중 보험에 가입한 이로 한정해서 보면, 사회보험에 60%, 상업보험[18]에 40% 가입한 것으로 나타난다. 실제로 정부기관 또는 기업보험이 충실한 우량기업에 근무한다면 사회보험 급부액의 부족분은 기업연금과 상업연금으로 보완할 수 있다. 농민도 풍요한 농촌이라면 독자의 보험기금에 의존하는 사례가 있다. 이 기금은 토지의 사용권 운용과 촌영村營 기업의 수익으로부터 얻는 것이 많다.

이렇게 보면, 중국의 사회보장에는 직장에서 제공하는 보장과 토지를 기반으로 한 공동체의 상호부조 등 개혁·개방 이전의 생활보장과 유사한 요소도 관찰할 수 있다. 또한 가족에 의한 부양도 1996년부터 실시된 「고령자인권보장법」에서 "고령자의 생활은 주로 가족이 담당한다"라고 규정함으로써 법적 뒷받침이 부여되고 있다. 가족과 토지, 동업자에 의한 생활보장은 중국혁명 이전의 상태와 유사한 모습인데, 그러나 그렇다고 전통사회의 생활보장으로 회귀하고 있다고 말할 수는 없다. 왜냐하면 세대의 구성원 수는 계속 감소하고 있기 때문이다.[19] 가족의

---

18 기업이 종업원을 위해 구입한 상업보험과 본인이 스스로 구입한 상업보험을 모두 포함한다.

19 1990년은 세대당 가족 수가 4명이었는데, 2005년에는 3.31명으로까지 줄었다.

생활보장 기능에 의존할 수 있는 비중은 줄어들 수밖에 없다.

그런데 동시에 사회보험의 본질에도 눈을 돌릴 필요가 있다. 무엇보다 사회보험의 논리는 보험료를 지급하면 급부가 부여된다는 조건에 따른다. 다시 말해, 보험료를 내지 않는 최빈곤층은 급부를 받을 수 없다. 시장경제로 말미암아 출현한 신빈곤층에게는 그러한 조건을 수반하지 않는 생활보장이 필요하다. 이러한 수요에 대응하는 사회보장으로서 도시와 농촌의 최저생활보장제도[20] 및 사구에 의한 복지 서비스가 주목받고 있다.

선진국의 역사에서는 우선 구빈제도救貧制度가 선행하고 다음으로 실업보험을 토대로 한 사회보장제도가 형성되었다. 이와 달리 중국에서는 계획경제로부터의 전환을 도모했기 때문에 기초연금을 시작으로 사회보험이 먼저 도입되었다. 개인이 보험을 적립하는 형태의 사회보험은 정부재정에 의존하는 사회복지와 달리 시장경제에 적응한 생활보장으로서 고려되었다. 그러나 사회보험기금을 유지하기 위해 재정투입이 반복되자 다시 생활보호 측면의 복지에서의 역할이 중시되고 있다. 특히 사구의 복지 서비스는 약해진 가족을 보완할 것으로 기대되고 있다.

---

20 농촌의 최저생활보장제도는 2007년이 되어서야 전국에 통일적 제도가 성립되었다.

제7장

사스의 충격
리스크로서의 감염증

신흥 감염증으로서의 '사스'

리스크로서의 감염증

중국 사회가 직면한 다양한 리스크의 한 가지로 감염증이 있다. 신형 인플루엔자와 같은 미지의 감염증, 즉 신흥 감염증의 유행뿐만 아니라, 결핵 등 일단은 억제되고 있던 감염증의 재발, 다시 말해 재흥再興 감염증의 유행은 중국뿐만 아니라 인류사회가 직면한 큰 과제 중의 한 가지이다. 그러나 이제까지 살펴본 것처럼, 중국의 역사와 현재에 뿌리를 둔 다양한 문제가 있는 것도 사실이다.

감염증의 리스크는 삼림 개발로 상징되는 생태계에 대한 개입, 나아가서는 교통 인프라 정비 등에 따른 세계의 급속한 일체화와 도시화의 진전으로 더욱 뚜렷해지고 있다. 이러한 가운데 2003년 사스SARS의 발생은 우리가 감염증의 리스크와 얼마나 등을 맞대고 생활하고 있는지를 실감케 한 사건이었다.

여기에서는 상하이 등에서 추진되었던 사스 대책의 구체적인 모습을 소개하고, 감염증 대책과 개인의 사적인 생활공간 그리고 지역사회 간의 관계, 나아가 국제사회와 세계보건기구 간의 관계를 살펴보겠다.

광둥성에서의 발병과 감염의 확대

중국 남부 광둥성에서는 2002년 11월경부터 미지의 감염증의 증상 발현 사례가 보고되었다. 그렇지만 중앙정부에 대한 보고 의무가 없었기 때문에 베이징의 중앙정부가 그것을 확인한 것은 이듬해 2003년 1월에 이르러서였고, 세계보건기구에 보고된 것도 2월이 되면서부터였다. 이 때문에 구정 전후, 중국에서는 '민족 대이동'이라고도 일컬어지는, 사람들의 대이동 시기에[1] 중국 정부는 사스의 감염 확대를 방지하기 위한 대책을 취할 수 없었다.

미지의 감염증이 발생했다는 보고를 받은 세계보건기구는 2월 20일 미국의 질병관리예방센터CDC,[2] 일본의 국립감염증연구소 등으로 구성된 조사단을 중국에 파견하기로 결정하고, 중국 정부의 협력을 요청했다. 그러나 중국 위생부(한국의 보건복지부에 해당 – 옮긴이 주)는 조사단

---

1   중국에서는 춘절(春節)이라고 부르는 구정을 성대하게 지낸다. 이주 노동자와 학생 등이 일제히 귀향하기 때문에 교통기관은 큰 혼잡을 빚는다. 이러한 대규모 이동이 감염증 유행의 배경이 되었다는 것은 말할 필요도 없다.

2   애틀랜타의 미국질병관리예방센터(CDC: Center for Disease Control and Prevention). 미국에서의 감염증 대책뿐만 아니라 세계의 감염증 발생 정보를 받고 바로 활동을 개시한다.

의 베이징 방문은 허가했지만, 미지의 감염증이 발생한 광둥성에서의 조사는 허가하지 않았다.

3월에 들어서자 홍콩과 베트남에서도 같은 감염증의 발생이 보고되었고, 이 감염증은 베이징과 베트남의 하노이, 싱가포르, 캐나다의 토론토 등을 중심으로 세계 각지에서 그 발생이 보고되었으며, 결국 사망자도 발생했다. 세계보건기구는 3월 15일 이 감염증을 '사스'로 명명했다.

4월 2일, 세계보건기구는 사스의 발생을 이유로 홍콩과 광둥성에 대한 여행 중지를 권고했다. 이렇게 상황이 흘러가던 3일에 결국 조사단의 광둥성 파견이 실현되었다. 그런데 베이징에서는 다른 상황이 전개되었다. 4월 2일 위생부장이 안전선언을 한 것에 위기감을 느끼던 인민해방군 301병원의 장옌융蔣彦永은 4일에 베이징의 CCTV와 홍콩의 피닉스 TV鳳凰台에 전자메일로 내부 실정을 고발하고, 8일에는 ≪타임≫에서 그 상황을 보도했다. 11일이 되자 베이징의 의료시설에 대한 시찰도 개시되었다. 그러나 이 단계에서는 군 관련 병원의 시찰은 허가되지 않았다(15일 이후 시찰 실시).

4월 16일, 세계보건기구 베이징사무소는 베이징에서 중국 측이 확인한 37개 감염 사례를 훨씬 상회하는 감염 사례 발생이 추정된다고 발표했다. 그러한 가운데 20일 장원캉張文康 위생부장과 멍쉐눙孟學農 베이징 시장이 대책의 부적절함과 정보의 은폐를 이유로 해임되고, 우이吳儀[3]

---

3   우이(1938~)는 후베이성 우한 출신으로 석유 관련 기술자였다가 베이징 옌산석유 화공공사(燕山石油化工公司) 부경리 등을 거쳐 베이징시 부시장이 되었고, 이후 대외무역경제합작부 부장으로서 대미 교섭을 맡았다.

부총리가 직접 지휘를 맡아, 사스를 위한 전문 병원 지정, 격리 병동 신설, 해방군 의료반 동원 등 강력한 대책을 취하게 되었다.

6월 초에 전 세계에서 사스의 누적 환자 수는 8,435명(그중 사망자는 789명), 감염 지역은 32개 국가 및 지역으로 확대되었다(6월 11일). 이 가운데 10명 이상의 환자가 발생한 지역은 중국, 홍콩, 타이완, 베트남, 필리핀, 싱가포르, 미국, 캐나다, 독일로, 사망자가 발생한 지역은 중국(343명), 홍콩(290명), 타이완(81명), 싱가포르(31명), 베트남(5명), 말레이시아(2명), 필리핀(2명), 태국(2명), 그리고 캐나다(32명), 남아프리카공화국(1명)이었다. 중국, 홍콩, 타이완, 싱가포르의 중국계 사회에서 사스가 맹위를 떨쳤다는 것을 알 수 있다.[4] 또한 캐나다의 환자는 그 초기에 감염 지역을 여행한 경험이 있는 사람들이었다.

21세기 초 발생한 미지의 감염증었던 사스는 세계에 대단히 큰 영향을 미쳤다. 그러나 5월 말이 되자 사태는 진정되기 시작했다. 그리고 6월 초 세계보건기구도 여행 중지 권고를 점차 해제했다. 베이징에 대한 여행 중지 권고가 해제된 것은 6월 24일로, 이후 타이완과 캐나다에서 사태가 진정 국면에 접어들자 7월 5일 세계보건기구는 사스가 억제되었다고 선언했다.[5]

---

4   그 결과 사스는 한족(漢族)의 병이라는 말도 등장했다. 그것은 의학적으로는 전혀 근거가 없는 것이었지만 역사상 병을 특정한 민족이나 국가와 관련시키는 언설은 자주 등장해왔다.

5   사스의 발생과 중국 정부의 대응은 주로 大谷順子(2007: 65~77)를 바탕으로 했다.

인터넷 시대의 감염증

사스가 세계에 큰 영향을 미친 이유로, 어느 시기까지 그 원인이 된 바이러스[6]가 확인되지 않았던 점, 감염 계통이 불명확한 것, 그리고 조사가 추진되는 가운데 사망률이 상향 조정된 것 등이 있었다. 베이징의 환자 수가 조정된 것으로 상징되는 바와 같이, 초기 단계에서 중국의 정보관리로 그 실정을 알기 어려웠던 것도 그 요인이었다.

역사적으로 인류는 다양한 감염증의 유행을 경험했다. 천연두, 콜레라, 인플루엔자 등을 들 수 있다. 그런데 사스는 기존 감염증과는 상황이 달랐다. 그리고 인터넷을 통한 정보 제공은 감염증을 둘러싼 문제에 새로운 측면을 더했다. 사스 대책을 위한 연구자 네트워크가 형성되어,[7] 정보의 공유화가 진전되고 바이러스와 대책을 둘러싼 연구가 진행된 것도 그 한 가지이다. 또한 사스의 유행 상황과 그 대책을 둘러싼 정보가 세계보건기구와 각국 정부의 홈페이지를 통해 시시각각 알려지면서 한 개인이 세계보건기구와 중국 정부, 타이완 정부가 제공하는 정보를 실시간으로 입수할 수 있게 된 것은 큰 변화였다.

중국 정부가 추진한 정보관리는 사스에 대한 세계보건기구의 초동 대처가 늦어진 원인이 되어 국제적인 비판을 받았다. 그러나 이후 중국 정

6　신종 코로나 바이러스가 원인으로, 비말감염(환자의 기침과 더불어 퍼지는 병균으로 감염되는 것 - 옮긴이 주)에 의해 퍼진다.

7　세계보건기구가 설립한 '지구 규모 감염증에 대한 경계와 대응(GOARN)'과 국제감염증협회의 메일링 리스트(ProMED-Mail), 많은 연구자의 개인적인 네트워크도 유효하게 기능하고, 국가적 정보관리를 우회하는 역할을 수행했다(元田結花, 2008: 105).

부(중앙정부 및 지방정부)는 홈페이지를 통해 적극적으로 정보를 제공하고자 했다. 또한 타이완 정부도 다양한 정보를 홈페이지를 통해서 제공했다.

중국어권에서의 인터넷의 보급은 엄청나며 전자정부화도 추진되고 있다. 타이완에서는 사스에 감염된 격리 대상자가 자택 격리를 준수하고 있는지 여부를 텔레비전 전화를 통해 확인했던 것 등을 비롯해 사스라는 신흥 감염증을 둘러싼 상황은 근미래적이었다.

대단히 안타까운 일이지만, 21세기는 2001년 9·11 사건과 이후 미국 주도의 전쟁, 그리고 2003년 사스로 막을 열었다. 감염증 대책은 철저한 관리를 필요로 했기 때문에, 테러 대책과도 통한다. 사스의 유행을 사회시스템의 측면에서 보자면, 대책은 대단히 관리주의管理主義적으로 추진되었고, 각지에서 실시된 체온 검사는 그 상징이었다. 이것은 관리 기술이 향상된 결과이기도 한데, 일본의 감염증 대책의 역사로 상징되는 바와 같이, 감염증 대책이 개인의 생활 영역에 개입하는 것이라는 점은 항상 상기되어야 할 것이기도 하다.[8]

중국 정부는 사스의 유행에 대해 환자의 치료와 격리를 추진하는 동시에 사람의 이동을 통제했다. 농촌에서는 사원 참배 중지 등도 행해졌다. 또한 사스의 예방과 치료를 위한 지식 보급과 함께 소득수준이 낮은

---

8 현재 큰 문제가 되고 있는 신형 인플루엔자 대책의 일환으로서, 일본에서도 학교 등에서 체온 검사가 이루어지고 있다. 열이 나는 학생 등은 캠퍼스 내 출입을 자제할 것을 권고하는 게시물을 각 대학의 입구에 붙이는 데 머물지 않고, 초등학교 등에서는 개별적인 체온 확인이 행해지고 있다.

가정과 고령자 시설에서의 대책에 중점적으로 자금이 투입되어 의약품을 둘러싼 투기의 근절, 불법 행위의 근절 등이 추진되었다.

베이징시 당국은 영화관과 인터넷카페 등 불특정 다수가 모이는 장소를 봉쇄하고 학교도 폐쇄했다. 또한 공공교통기관에서 체온 검사도 실시했다. 지역 단위에서 사스 대책의 핵심을 담당한 것은 거민위원회居民委員會와 경찰이며, 격리 대상이 된 주민을 설득하고 격리 지역의 경비, 격리 이후 주민의 생활 지원 등도 이루어졌다(元田結花, 2008: 106~107).

상하이에서 사스 대책은 「사스의 예방과 통제에 관한 상하이시의 대책계획시안上海市預防和控除傳染性非典型肺炎工作預案」에 의해 법적으로는 「전염병방치법傳染病防治法」 및 그 시행세칙과 상하이시 인민정부의 관련 통지 등에 기초하여 추진되었다. 실제로 대책을 추진한 것은 위생국과 공안국으로, 위생국은 대책의 기술적 측면에 대해 책임을 지고, 공안국은 교통 차단과 격리 등 강제적인 시책을 담당했다.

주목되는 것은 도시에서의 주민조직, 즉 사구에 설치된 위생센터의 기능이다. 1989년에 개정된 「전염병방치법」에서는 제24조에 의료위생기관이 구체적인 조치를 취할 때 이를 이행해야 하는 주체로서 환자 및 그 가족이 속하는 기업·기관(즉, 단위) 혹은 '거민居民'과 '촌민' 조직을 명기했다. 그러나 상하이에서는 사스의 유행에 대응하는 가운데 '사구'의 큰 역할이 기대되었다. 그것은 엄격한 관리를 전제로 하고 있던 거민위원회 혹은 단위를 통한 사람들의 관리를 행해왔던 시스템의 변화를 반영하고 있다.[9]

중국 위생부는 그 이후 사스를 보고의무가 있는 감염증으로 규정했

다. 그리고 전국인민대표대회(전국인대)는 2004년 8월에 「국가질병예방
관리법」을 개정했다(같은 해 12월부터 시행).

중국 정부의 움직임으로서 주목되는 것은 각지에서 사스의 환자와 사
망자가 발생했던 2003년 4월 하순, 쿠알라룸푸르에서 개최된 아세안
ASEAN 및 일본, 중국·홍콩, 한국의 담당 장관의 긴급회의와 병행하여 방
콕에서 개최된 아세안과 중국의 긴급 정상회의에 원자바오 총리와 둥젠
화董建華 당시 홍콩 행정장관이 출석하여, 쿠알라룸푸르의 회의에서 채
택된 사스 대책을 받아들이는 동시에 중국과 아세안 간 감염증 대책기
금 창설, 치료와 연구를 위한 정보 네트워크 정비, 긴급 시 핫라인 설치
등에 합의한 것이다. 중국 정부는 사스 대책에 대해서도 국제정치에서
명확한 정치성을 드러냈다.

일본 정부도 사스가 유행할 때에는 국립국제의료센터의 전문의에 의
한 원조팀을 중국에 파견하고 복수의 채널을 통해 의료기재 등 물자를
원조했다. 그러나 그 대응은 1990년대 하시모토 료타로橋本龍太郎 총리
시대에 국제적인 감염증 대책을 적극적으로 추진할 것을 제창했던 점을
고려해보면, 일본의 공헌이 두드러진 것은 아니었다.

1997년 덴버 선진국정상회의Summit에서 당시 하시모토 총리는 국제

---

9 '사구(社區)'는 일본어로는 커뮤니티로 번역되는데, 보통선거 등의 형태로 정치 참
여가 보장된 일본 등과는 그 위상이 다르다. '사구'가 주민조직으로서 중요성을 갖
게 된 것은, 개혁·개방정책하에서 단위(單位) 사회의 해체로 말미암아 개인을 관리
하는 채널이 사라져 '사구'가 지역 주민을 장악하는 채널로서 자리매김하게 된 것
이 그 이유이다.

적인 기생충 대책의 필요성을 제기하고, 후생성 보건의료국 국제기생충 대책검토회가 중심이 되어 기본 전략을 검토했다. 1998년의 버밍엄 정상회담에서는 「21세기를 향한 국제 기생충 전략: 국제 기생충 대책 보고서」를 제출하면서, 말라리아·필라리아·일본주혈흡충 등을 근절시킨 경험이 있는 일본이 세계의 기생충 대책에서 중요한 역할을 할 것이라고 제안했다. 이것이 '하시모토 이니셔티브'이다. 일본 국내에서는 별로 화제가 되지 못했는데, 국제적으로는 높게 평가받았다.

감염증의 역습

신흥 감염증과 재흥 감염증

의학과 위생학 등의 발달로 인류가 가까운 장래에 감염증을 박멸할 수 있을 것이라는 낙관론이 확산되던 시기가 있었다. 특히 항생물질의 등장은 그것을 뒷받침하는 증거로 간주되었다. 그러나 신흥 감염증의 등장과 약제 내성 등을 지닌 바이러스의 등장에 의한 감염증, 즉 재흥 감염증의 등장으로 인류는 감염증을 박멸할 수 없다는 것이 명백해졌다. 그리고 현재는 오히려 감염증의 원인이 되는 바이러스 및 세균과 공생하면서 피해를 최소한으로 억제하는 것이 추구된다고 여기는 것이 일반적이다.

오늘날 감염증에 따른 사망 원인 가운데 1위는 HIV, 2위는 결핵, 3위는 말라리아이다. 말라리아도 제2차 세계대전 이후에는 DDT를 대량 살포하여 매개 모기를 없앰으로써 박멸할 수 있을 것으로 여겨졌다. 그러나 실제로는 박멸 계획이 좌절되고 현재에는 억제 계획에 의해 그 피해를 최소한으로 억지하려는 노력이 계속되고 있다.[10]

말라리아는 열대 아프리카와 동남아시아 일부에서는 여전히 심각한 문제이며, 세계에서 연간 100만 명 이상의 사망자가 발생하고 있는 감염증이다. 오늘날 말라리아 대책의 필요성은 선진국정상회의Summit에서 의제의 하나로 다룰 정도로 중요해지고 있다. 그 배경에는 지구 온난화로 말라리아 감염 지역의 확대가 우려되고 있다는 점이 있다.

20세기에 등장한 HIV와 에볼라 출혈열로 대표되는 신흥 감염증은 생태계에 대한 인간의 개입(예를 들면, 농업을 위한 삼림 개발)에 의해 출현했다고 여겨진다. 또한 기후변동과 도시화 등도 그 발생의 배경이 된다. 그런 의미에서 동아시아는 인구밀도가 높은 지역도 많고, 중국을 중심으로 급속한 경제발전이 이루어지기 때문에 신흥 감염증의 발생과 유행의 위험성은 높다. 또한 도시화와 인구 이동으로 결핵 등 일단 억제된 감염증의 재흥도 문제가 되고 있다. 세계화가 진행되면서 연해안과 내류, 도시와 농촌의 격차가 확대되고 있는 것도 위험 요인의 하나이다.

2003년에 발생한 사스는 21세기 인류 사회가 안고 있는 문제를 어떻게 극복해갈 것인지, 또한 이를 위해 어떤 제도를 구축해야 할 것인지를 생각하게 하는 중요한 교훈이 되었다.

---

10 다만 오키나와와 타이완에서는 제2차 세계대전 이후 미군과 록펠러재단의 주도로 말라리아를 박멸하는 데 성공했다. 전쟁 이전에 일본이 추진한 대책과 전후 대책의 관계에 대해서는 飯島涉(2005)에서 자세하게 검토하고 있다.

감염증과 국제사회

세계보건기구와 타이완

사스가 유행하는 가운데 세계보건기구에 타이완이 가입하지 않은 것(가입할 수 없는 것)이 널리 알려졌다.

타이완은 중국이 유엔에 가입함에 따라 1971년에 세계보건기구를 탈퇴했다. 그러나 1993년부터 세계보건기구의 연차 총회에 옵서버로 참가하게 해줄 것을 요구했다. 옵서버로 참가하는 사례로는 바티칸과 팔레스타인 자치정부 등이 있다. 그러나 중국은 세계보건기구가 어디까지나 유엔 가입국을 단위로 하는 조직이라고 주장하면서 타이완의 움직임에 난색을 표했다.

2003년 사스의 유행이라는 국제보건에서의 위기적 상황 가운데 일본의 사카구치 치카라坂口力 당시 후생노동성 장관은 타이완의 세계보건기구 참가를 지지하는 언급을 했다. 중국 정부는 이것에 대단히 민감하게 반응하여 일본 정부에 '하나의 중국' 원칙의 준수를 요구했고, 이 문제는 정치화되었다.

2008년 민진당에서 국민당으로의 정권 교체에 따라 타이완에서 마잉주馬英九 정권이 성립하자[11] 중국과 타이완 간 항공기 직항편 개설 등 타

---

11 국공내전에서 패한 장제스가 타이완으로 철수하면서부터 타이완(중화민국)에서는 국민당의 일당독재가 장기간 지속되었다. 그러나 장제스 사후 총통이 된 장징궈(蔣經國)는 신흥공업국가의 한 축으로서 급속한 경제발전을 달성하고, 계엄령을 해제하는 등(1987년) 대륙의 통치를 전제로 해왔던 국민당의 타이완화를 추진했

이완과 중국의 관계는 크게 변화하고, 정치적 접근이 현저해졌다. 마잉주 정권은 집권 후 세계보건기구 대책의 전문팀을 창설하고(책임자는 쑤치蘇起 국가안전회의 비서장), 중국 측과 교섭했다. 이리하여 2009년 5월 19일부터 제네바에서 열린 세계보건기구 연차 총회에서 타이완 대표 예진촨葉金川 위생서장(위생장관)의 출석이 실현된다.[12]

타이완의 세계보건기구 연차 총회에 대한 옵서버 참가는 그 정치적 의미는 차치하고 국제적인 감염증 대책에서 의미가 있는 것은 틀림없다. 신형 인플루엔자 유행에 대한 대책이 국제적으로도 긴급한 과제가 되고 있는 점이나, 현재 세계보건기구 사무국장이 홍콩에서 사스 대책을 담당했던 경험을 지닌 마가렛 챈Margaret Chan[13]이라는 것도 그러한 움직임을 도왔다고 여겨진다. 그러나 타이완의 참가 그 자체는 매년 그 무렵에 협의되는 이슈이다(≪朝日新聞≫, 2009. 4. 30.).

예진촨 위생서장은 2009년 5월 18일, 세계보건기구 연차 총회에 출석하고자 제네바를 방문하고 세계보건기구에서 제공한 신형 인플루엔자 균주를 토대로 백신 개발을 추진하여 그것을 개발도상국에 제공하는

다. 그 이후 본성인(本省人, 타이완 출신자)으로는 처음으로 총통의 지위에 오른 리덩후이(李登輝) 정권을 거쳐 총통 선거로 천수이볜(陳水扁)이 이끄는 민진당이 정권을 잡았다(2000~2008년). 그러나 2008년 3월의 총통 선거에서 마잉주가 이끄는 국민당이 정권을 재탈환했다.

12 다만 이때 명칭은 올림픽 등에서 사용되는 '중화 타이베이(中華台北)'가 사용되었다. 명칭이 '중화 타이베이'라는 것 등 때문에 민진당은 이에 비판적이었다.

13 마거릿 챈(1947~)은 2007년부터 세계보건기구 사무총장으로 재직 중이다. 1994~2003년 홍콩 보건부 장관을 지냈으며, 재직 중에 H5N1 조류 인플루엔자(1997년)와 사스(2003년)의 유행을 경험했다. _ 옮긴이 주

생각을 표명했다. 또한 일본의 와타나베 다카오渡辺孝男 당시 후생노동성 차관과 인플루엔자 대책을 놓고 회담했다(≪每日新聞≫, 2009. 5. 19. 석간).[14]

예진촨 위생서장은 세계보건기구의 연차 총회에서 인사말을 하면서 신형 인플루엔자에 대해 우려를 나타내고, 타이완이 국제사회와 같이 감염증의 위기에 처해 있다고 표현하면서 동시에 타이완이 국제적인 감염증 대책에 일익을 담당할 수 있다는 것을 강조했으며, 개발도상국에 500만 달러 상당의 의료물자를 제공할 의향이 있음을 표명했다(≪朝日新聞≫, 2009. 5. 21.). 타이완 정부는 세계보건기구 연차 총회에 옵서버로 참가한 것에 대해 국제사회로의 복귀를 위한 분명한 조치(활로 외교)로 파악했다(≪朝日新聞≫, 2009. 5. 14.). 타이완의 세계보건기구 연차 총회 참가 문제는 의료·위생사업이 지닌 정치성을 상징하는 사건이 되었다.

1999년부터 2009년까지 2기 10년에 걸쳐 세계보건기구의 서태평양 지역 사무소(마닐라 소재)의 사무국장을 맡아 사스 유행 때에도 그 대책에 중요한 역할을 수행했고, 현재 일본 정부의 인플루엔자 대책의 입안에도 깊이 관여하고 있는 오미 시게루尾身茂는 사스의 유행으로부터 국제사회가 배운 것이 많았다고 하면서, 현재의 긴급한 과제로서 조류 인플루엔자H5N1에 대한 대응의 필요성을 지적하고, 이러한 국제보건 분야

---

14 일본 정부가 경제 분야를 제외하고 타이완 정부와 각료급 회담을 연 것은 이례적이다.

에서의 공헌이 장기적으로 일본에 중요한 소프트파워의 하나가 될 것이라고 지적했다(≪朝日新聞≫, 2009. 1. 27.).

세계보건기구는 세계 각지에서 의료와 위생 조건을 정비하는 데 큰 역할을 수행해왔다. 유엔이 작성하는 국가별 협력 방침에 따라 세계보건기구는 중국에 대해서도 그 협력 방침을 명확하게 하고 있다. 2004~2008년의 방침과 우선 과제는 백신을 통해 예방 가능한 질병의 억제와 의료보건제도의 정비를 중심으로 결핵, 한센병, HIV,[15] 기생충병 등 감염증의 예방과 억제, 환경위생과 노동위생의 개선, 모자母子 보건의 개선 등 많은 영역에 이른다.

사스가 신흥 감염증으로서 극히 소규모의 레벨에서 발생이 억제된 것에 반해서 후천성면역결핍증AIDS[16]은 세계적인 유행을 경험한 신흥 감염증이다. 2006년에 세계의 HIV 감염자와 AIDS 환자 수는 거의 4,000만 명에 달한다. 최근에는 연간 400만~500만 명 정도의 새로운 환자가 발생하고, 약 300만 명 정도가 매년 사망한다. 최초의 AIDS 환자가 확인되면서부터 현재까지 누적 사망자 수는 약 2,500만 명으로 추정되며, 현재 가장 영향력이 큰 감염증으로 꼽힌다.

HIV/AIDS의 영향을 가장 많이 받는 곳은 아프리카이다. 인구의 30% 정도가 감염된 지역도 있다. 한편 중국과 인도에서도 환자의 증가가 큰 문제가 되고 있다.

---

15 HIV는 AIDS의 병원(病源) 바이러스이다.
16 AIDS, 즉 후천성면역결핍증후군은 에이즈 바이러스의 감염으로 인체의 임파구가 파괴되고 면역기능이 저하되는 병이다.

한편 빈곤과 영양불량이 원인이 되는 병이 결핵이다. 2000년 기준으로 중국의 결핵 환자 수는 약 450만 명에 달하는 것으로 추정되었다.

개입과 비개입

중국 정부는 사스 대응 초기에 정보를 공개하지 않고 광둥성에 대한 세계보건기구 조사단의 조사를 불허한 것이 국제적인 비판을 받자, 2009년 신형 인플루엔자H1N1에 대한 대응에서는 정보 공개에 대단히 주의를 기울이고 있다.

최근 세계화의 진전에 따라 사람과 물건의 대규모 이동이 국경을 넘어 확산되고 있으며, 그 결과 감염증의 확대를 예방하기 위한 새로운 틀이 요구되고 있다. 그런 의미에서 사스와 신형 인플루엔자와 같은 감염증 대응을 통해 새로운 국제질서를 모색하는 것도 가능하다.

그러나 문제는 결코 간단하지 않다. 사스 이후의 국제적인 감염증 대책을 상징하는 것은 세계보건기구의 적극적인 개입이다. 각 지역 정부의 동의를 전제로 하지 않고 조사를 할 수 있게 하는 체제로의 이행이 논의되고 있는데, 이는 국제기구의 개입과 비개입에 새로운 단계를 보여주는 것으로서, 국제사회의 시스템에 영향을 줄 가능성이 있다.

21세기 의료와 위생은 사스라는 신흥 감염증의 등장과 그것이 남긴 교훈을 바탕으로 모색되기 시작했다. 새로운 제도는 이제까지 논해온 바와 같이 의학·위생학뿐만 아니라 국제관계와 사회시스템을 고려한 가운데 더욱 좋은 착지점이 모색되어야 한다.

제8장

사회복지의 다원화
중국과 홍콩의 동향

최저한의 생활보장과 복지 담당자의 모색

아시아 신흥공업국가들의 영향과 통화위기의 교훈

동아시아의 신흥공업국에서는 1990년대에 사회보험의 정비가 본격화되었다. 그 배경에는 아시아 신흥공업국가들NIEs이 수출지향 공업화를 달성하는 가운데, 소득의 재분배보다 고용 기회 창출을 통한 생활보장의 길을 추구했다는 사정이 있었다. 이와 같은 고용을 통한 생활보장에서 주된 담당자는 기업과 가족이었기 때문에 국가의 복지는 경제 수준에 비해 낮게 억제되었다(埋橋孝文, 2006: 177~178). 이와 동시에 공업화를 통한 경제성장은 피고용자의 증가와 중간층의 확대를 가져옴으로써, 더욱 많은 근로자가 사회보험료를 낼 수 있는 상황으로 이어졌다. 또한 정권 교체를 수반하는 민주화는 사회보험의 보급을 정치의 과제로서 다루는 것을 촉진했다. 이러한 변화를 반영하여, 아시아 신흥공업국가들의 사회보험은 공무원에서 대기업, 중소기업으로 확대되었고, 1990

년 말에는 국민개보험으로의 조류가 발생했다.

중국의 사회보장 개혁이 사회보험을 축으로 삼은 요인의 한 가지로는 상기와 같은 이웃 국가들의 움직임에 영향을 받은 것을 들 수 있다. 중국은 연금제도 개혁 때 싱가포르에 시찰단을 파견했다. 또한 사회보장 연구자 사이에서는 아시아 국가들과의 비교 분석도 왕성하게 이루어졌다.[1] 실제로 개혁·개방 시기 중국의 상황은 정부 주도의 산업정책으로부터 시장원리의 대두, 수출 지향 공업화에 의한 고도 경제성장, 급속한 저출산·고령화의 진전이라는 점에서 선진국보다도 아시아 여러 국가와 공통되는 문제를 많이 갖고 있었다. 2005년 합계특수출생률은 일본이 1.25였는 데 비해, 한국이 1.08, 타이완이 1.12, 홍콩이 0.97, 싱가포르가 1.24로 모든 아시아 신흥공업국가들이 일본을 밑돌았다(內閣府, 2006: 115). 중국은 2001년에 1.90까지 떨어졌고, 아시아 신흥공업국가들을 뒤쫓듯이 저출산·고령화에 돌입했다. 아시아 신흥공업국가들과 마찬가지로 중국이 강제 적립 방식의 사회보험제도를 확립하고자 시도했던 것은 실제로 고령화의 진전을 주목한 것이었다.

그러나 1997년의 아시아 통화위기는 아시아 국가들이 사회보장의 필요성뿐만 아니라 그 미숙함을 통감하는 계기가 되었다. 심각한 불황으로 실업이 늘고 급여소득이 줄어드는 동시에 기업의 도산이 빈발했다.

---

[1] 이것은 중국에 한정된 것이 아니며, 아시아 신흥공업국들에서도 사회보험의 형성 과정에서 정책 담당자가 국제기구와 여러 아시아 국가들의 경험을 흡수하고자 했다. 예를 들면 한국의 의료보험제도 통합은 타이완의 경험을 참고한 것이었다고 한다(埋橋孝文, 2006: 176).

이러한 상황에서 새로운 사회보험료의 거출은 기업과 노동자 모두에게 부담이 되었다. 노동자는 사회보험을 유지하기보다 양로연금을 인출해 갔고, 사회보험기금의 위기가 초래되었다. 이러한 사태 속에서 생활의 안정과 경기 회복에 많이 사용되었던 것은 오히려 재정투입을 통한 사회복지 프로그램이었다(寺西重郞, 2003: 8~9).[2]

아시아 통화위기 후의 부흥이 남긴 교훈은 사회보험에 관한 국제기구의 접근에도 큰 영향을 주었다. 과거에 세계은행은 중국의 연금 개혁에 관한 1997년의 보고서에서 적립 방식으로의 전환과 상업보험을 포함한 3층 구조의 보험체계를 제안했다(World Bank, 1997). 그런데 2005년 연금제도 개혁에 관한 보고서에서는 기존 3층 구조 모델의 연금 시스템으로는 포괄할 수 없는 사람(예를 들어 생애빈곤자, 비공식 부문informal sector의 노동자, 연금 수급 자격이 없는 공식 부문formal sector의 노동자 등)에 대한 공적 부조와 가족의 상호부조 지원을 통한 구제를 제창했다(Holzmann and Hinz, 2005: 81~82). 또한 세계은행은 같은 관점에서 NGO와 전통적인 커뮤니티를 재평가하고 커뮤니티 기반의 지원을 강조하고 있다(大泉, 2006: 58).

---

2 아시아 신흥공업국들에 대해서는 아시아 통화위기 이전부터 이미 민주화에 의한 '바라마키(バラマキ, 수입을 경시하고 지출을 확대)'형 복지의 확장도 지적되었다(徐明, 2007: 177~178). 이에 반해서 이 절에서는 '사회보험에 대비한 복지에 대한 주목'이 통화위기를 통해 세계적으로 고양되었던 것을 논하고 있다.

최저생활보장제도와 사구를 통한 복지 서비스

제3장에서 살펴본 바와 같이, 중국의 사회보장 개혁도 사회보험의 재편에서 시작되었는데, 결국 최저생활보장(공적 부조)과 사구를 통한 복지 서비스에도 중점을 두게 되었다. 국유기업의 구조조정과 농민공 유입으로 비정규 고용과 비공식 부문이 출현하는 한편, 소득 격차가 확대되어 도시에 새로운 빈곤층이 표면화된 것을 그 배경으로 들 수 있다. 이러한 비정규 고용과 비공식 부문 노동자에게 공식 부문 정규 고용자 정도의 사회보험료를 징수하는 것은 어렵다. 이는 방대한 농업 종사자도 마찬가지였다.[3] 나아가 보험료의 적립이 없었던 계획경제 시기에 근무했던 고령자를 부양하기 위한 연금기금은 현역 노동자의 적립을 깨뜨리지 않으면 안 되는 상황이었다. 선제沈潔에 따르면, 도시에서의 연금 수급 실태조사를 볼 때, 이제까지 근무했던 경험이 없거나 근무한 기간이 대단히 짧아 연금 수급 자격이 없는 고령자는 21.7%로 올라간 것이 명백해졌다고 한다. 그중 여성이 79.8%를 점하고 있다(沈潔, 2009: 39). 상기의 세계은행 분석에 따르면, 실제로 중국에서는 사회보험료의 거출을 바랄 수 없는 노동자와 퇴직자가 증대하고 공적 부조와 커뮤니티를 통한 복지에 대한 수요가 주목되는 상태이다.[4]

---

3 2000년 인구센서스에 따르면, 농촌에서는 60세 이상 주민의 수입에서 연금이 차지하는 비율이 진(鎭) 단위가 29.08%, 향촌은 겨우 4.7%에 그쳤다(沈潔, 2009: 38).

4 예를 들면, 2006년에 책정된 「중국 고령자 사업발전의 제11차 5개년계획 요강 (2006~2010년)」은 저소득·무수입 고령자가 조건 없이 최저생활보장제도를 이용할 수 있게 하는 것과 각 자치체가 재정 상황에 따라 고령자 의료구조·개호보조제도를 창설하는 것이 명시되어 있다(沈潔, 2009: 35).

우선 공적 부조를 보면, 중국의 도시에서는 1993년부터 최저생활보장선을 정하도록 했다. 이것을 토대로 하여 1999년에는 「도시주민 최저생활보장조례」가 공포되었고, 전국 차원에서 제도화가 실현되었다. 이조례에 따르면, 비농업 호적을 지닌 도시 주민이라는 것이 제도 적용의 전제가 되는데, 이를 바탕으로 수급 자격을 얻으려면 ① '3무 인원三無人員'(수입과 노동능력이 없고 법정 부양자도 없는 자), 혹은 ② 실업보험 수급기간이 지났는데도 재취업이 불가능하고 1인당 수입이 최저생활보장 기준 이하인 자, 또는 ③ 재직자, 일시 귀휴자, 정년퇴직자 등이 임금 혹은 최저임금, 기본 생활비, 연금을 수급해도 1인당 수입이 최저생활보장 기준 이하인 것 등이 조건이 된다. 급부액은 생활 유지에 필요한 의식주 비용, 광열비, 미성년 의무교육비를 기초로 산출된다. 재원은 각지방정부의 재정 예산에서 사회구제 전용 지출 항목을 설정하게 된다 (呂學靜, 2004: 269~270). 다만 서서히 중앙재정의 비율이 증가하며, 최근에는 재정 총액에서 차지하는 비율의 절반을 차지하게 되었다.

농촌의 공적 부조로는 앞에서 언급한 '5보'에 더하여 1994년 무렵부터 최저생활보장 빈곤선 이하인 세대에 대한 급부(현금과 실물)도 실시되고 있다. 그 기준의 설정과 임금의 조달은 주로 현 또는 향진 정부의 책임이 되고 있는데, 2007년에 중앙정부가 농촌 주민 최저생활보장제도의 구축을 선언하고 중앙재정으로부터 30억 위안의 자금을 투입함으로써 수급자 수는 빠르게 늘고 있다.[5]

---

5   2007년에는 농촌의 수급자 수(3,452만 명)가 처음으로 도시(2,271만 명)를 넘어섰

그러나 문제점은 적지 않다. 도시 주민 최저생활보장을 위한 전국 1인당 급부액은 2008년 초 기준으로 매월 123위안이었는데, 지방 격차가 뚜렷하며, 최고액인 베이징시(287위안)와 최저액인 하이난성(80위안) 간 격차는 3.59배였다. 또한 급부 수준도 낮다. 각 지방이 정한 급부액을 보면, 평균 가처분소득 대비 17~37%, 평균 소비지출 대비 26~49%에 그쳤다. 왕원량의 추산에 따르면, 현지 도시의 평균 식비 지출을 밑도는 지방이 절반 이상(31개 성·시·자치구 가운데 17개)에 달한다(王文亮, 2009: 89~90).

수급 자격이 있다고 모두 급부를 받는 것도 아니다. 특히 농촌 주민 최저생활보장제도에서는 다수의 유자격자가 실제로 보호를 받지 못하고 있다. 가장 큰 이유는 현과 향촌의 재정 부족이다. 이 때문에 창사시長沙市에서는 2005년에 관할 내의 구와 현에 대해서 인구 대비 보호 대상자 비율을 다시 5%로 정했으며, 빈곤 인구가 그것을 넘어설 경우에도 5%의 비중으로 급부를 시행하기로 했다(王文亮, 2009: 173). 풍요로운 상하이시의 경우에는 재원이 부족한 향촌에 대해 현이 조정을 하는 동시에 시 정부가 관할하의 현6에 대해서 30%의 보조금을 내는 것을 정할 수 있게 했다. 그러나 상하이시에서 농촌에 지급하는 '5보' 등의 보조금은 도시와 달리 '다시 하청을 주는'(용도를 생활보호에 특정하지 않는) 상황이어서, 도중에 유용되는 일이 잦고 실제 수급자의 손에 들어가는 액

다(王文亮, 2009: 91~92).

6   다만 평셴구(奉賢區), 난후이구(南匯區), 진산구(金山區), 충밍현(崇明縣)은 제외되었다(汪泓 主編, 2008: 253).

수는 매우 적다고 한다(汪泓 主編, 2008: 259~260).

이러한 말단행정의 재정 부족과 생활보호에 대한 수요 급증으로 말미암아 생활보호에 민간의 힘을 활용하는 '복지혼합'에 대한 관심이 커졌다. 구체적으로 기업과 커뮤니티, 비영리단체NPO를 복지 서비스 담당자로서 기대하게 되었던 것이다. 2000년에는 중앙정부의 13개 부서가 「사회복지의 사회의 촉진에 관한 의견서」를 공동으로 제출하고 비영리단체의 개호 서비스 공급 참여를 적극적으로 추진하는 방침을 밝혔다.

이에 따라, 전국에서 고령자를 위한 복지시설 건축이 급속하게 진전되었다. 상하이에서는 1997년부터 2007년까지 10년간 고령자시설이 20개소에서 560개소로 늘었다. 경영 주체별로 보면, 비영리단체가 260개소(46%), 침대 수로는 3만 4,200개로 전체의 49%를 점하고 있다. 상하이시 정부는 고령자 복지시설에 비영리단체의 참여를 적극적으로 추진하고, 침대 1개당 5,000위안을 보조했는데, 이 때문에 비영리단체의 개호 침대 수 증가가 뚜렷하게 나타난다(沈潔, 2009: 49).

커뮤니티를 통한 복지 서비스 제공과 관련해서는 '사구'로 불리는 지역사회가 기대를 모으고 있다. 사구는 주민조직으로서 자리하고 있는데 국가행정이 여기에 개입해 물적·인적 자원을 동원하고 지역복지 서비스(사구복무社區服務)를 조직·지원하는 것이 특징이다(孫曉冬, 2006: 230). 그 활동은 지역마다 다른데, 대략적으로 고령자와 장애인에 대한 복지 서비스와 도시의 노동자(정년퇴직자와 실업자 포함)의 사회보험 관리가 중심이다.[7] 복지 서비스에서 한 예를 들면, 상하이에서는 정부가 사구에 고령자를 위한 '홈 헬프home help 사업'(거가조로복무居家助老服務) 업무를 위탁하고 있으며, 운영비와 이용비를 정부가 보조한다. 2004년 말 기준으로 상하이의 홈 헬프 서비스의 80%를 사구에서 운영하고 있다고 한다(田原裕子, 2008: 230~231). 고령화를 맞은 중국 대도시에서는 시설개호에서 재택개호로의 전환을 사구로 뒷받침하는 것을 기대하고 있다.[8]

그러나 선진국에서 사회복지에 민간의 힘을 활용하는 경우를 보면, 정부 주도의 복지 서비스가 경직화되기 쉽고 경비상의 낭비가 많으며 이용자의 필요에 유연하게 대응하지 못한다는 문제를 해소하려는 목적이 있었다. 그렇지만 개발도상국에서는 무엇보다 정부의 복지 서비스가 적어 경직화를 문제 삼기 이전에 절대적인 공급량부터 부족했다. 중국도 예외가 아니어서, 이용자의 양적 확대가 중시되기 쉽기 때문에 사구와 비영리단체는 단순하게 정부를 대신하여 복지 서비스를 사회의 말단에 공급하기 위한 장치로서 기대되는 측면이 있다. 그 결과 사구와 비영리단체도 그때그때 국가와 성·시의 정책에 따른 프로젝트에 치중하며, 지역 주민의 필요에 맞는 서비스를 제공하지 못하는 경우가 있다. 이 문제에 대해서 장리화江立華 등은 주민과 제3자에 의한 서비스 평가제도를 도입할 것을 제안하고 있는데, 아직 정착되지는 않고 있다(江立華·沈潔 外, 2008: 263~305).

또한 상하이에서는 사구가 현저히 발달하고 있는데, 베이징의 사례를 보면 2006년 기준 고령자 서비스 시설 309개소(침대 수 3만 1,222개) 가

---

7 무엇보다 최근에는 의료위생 관련 서비스가 확대되고 있으며, 이주 노동자가 많은 지역에서는 노동조합의 기능도 부분적으로 수행하고 있다.

8 상하이의 경우 사구는 가도(街道, 말단 행정조직)와 거의 겹친다.

운데 정부가 운영하는 시설이 74%(침대 수로는 59%)이며, 그 밖의 사회 단체가 운영하는 시설은 26%(침대 수로 41%)에 머물고 있다. 또한 같은 해에 베이징시의 9개 구와 현에서 60세 이상 도시 주민을 대상으로 실시한 의식 조사에 따르면, 48.1%가 가족에 의한 돌봄을 희망하고 있으며, 시설개호는 30.6%, 사구에 의한 주간보호와 재택개호를 희망한 것은 21.3%에 머물렀다. 시설개호에 대해서도 거의 8할(79.3%)이 정부가 운영하는 양로시설을 희망하고 있는데, 그 이유로 78.6%가 '정부가 운영하는 시설 쪽이 믿을 수 있기 때문'을 들었으며, '가격이 저렴하기 때문'이라고 답변한 비율은 14.9%에 그쳤다(張工, 2007: 101~102). 이것을 볼 때 사구와 비영리단체의 복지 서비스가 등장해도 아직 시민의 의식은 정부의 공공서비스를 지향하고 있다는 것을 알 수 있다.

세계화 시대의 자유주의 레짐: 홍콩의 경험

홍콩에서 보는 자유방임주의의 역설

사실 중국에는 이미 ① 정부가 최저한의 생활보장을 하고, ② 복지 서비스는 커뮤니티와 비영리단체에 위탁하는 방법을 철저히 따르는 도시가 한 곳 있다. 바로 홍콩경제특별구이다. 주지하다시피 홍콩은 영국 식민지였던 무렵에 '작은 정부'에 의한 자유방임주의laissez-faire를 통치의 원칙으로 삼았다. 여기서는 고질적인 재정 적자로 이어질 가능성이 큰 사회보험이 부정되고, 정부가 직접 공급하는 것은 사회적 안정을 유지

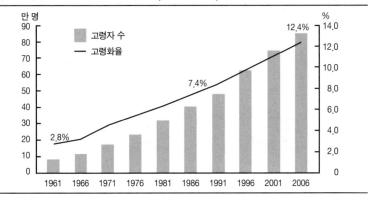

그림 8-1 홍콩의 고령 인구와 고령화율 추이(1961~2006년)

주: 고령화율=65세 이상의 인구 / 총인구
자료: 香港政府統計處二零零六年中期人口統計辦事處(2008: 15)를 토대로 필자가 작성.

하기 위한 최저한의 생활보호뿐이었다. 고령자와 장애인의 돌봄과 한부모 가정에 대한 탁아 서비스는 NGO가 주체가 되어 실행을 담당했다.

그렇지만 경제의 세계화가 추진되고 중국 대륙이 개혁·개방정책에 나서게 되자, 이제까지 홍콩을 아시아 신흥공업국으로 밀어올린 제조업이 중국 대륙으로 이전해 가는 한편, 대륙으로부터 신규 이민이 홍콩으로 유입되었다. 구조조정이 이루어진 제조업의 원래 종업원과 대륙 이민은 도시의 비공식 부문과 영세 서비스업에 흡수되어 새로운 빈곤층을 형성했다. 저출산·고령화도 착실하게 진행되어 계속 증가하는 고령화율(총인구에서 차지하는 65세 이상의 비율)은 동아시아에서는 일본 다음으로 높은 수준(12.4%)이 되었다(〈그림 8-1〉 참조).[9]

그 결과 홍콩의 사회보장비는 139억 1,200만 홍콩달러(1995년)에서

---

9   남성의 평균수명은 2006년에는 일본을 제치고 74.5세에 달하고 있다.

그림 8-2 **홍콩 정부의 세출 구성**

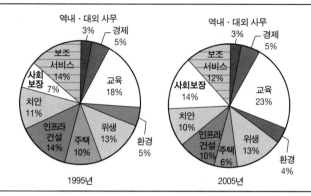

자료: 香港政府統計處(2006: 231).

338억 2,600만 홍콩달러(2005년)로 2.4배 증가했다. 또한 사회보장비가 정부 세출에서 차지하는 비중이 1995년에는 7%로 일곱 번째였으나, 2005년에는 14%로 2배 증가해 교육에 이어 두 번째로 높은 비중을 차지했다(〈그림 8-2〉 참조).

사회보장비가 확대된 주원인은 생활보호 대상자 수가 급증한 데에 있다. 정부 세출의 사회보장비에서 차지하는 생활보호 급부 금액은 1995년부터 2005년 사이에 34.7%에서 52.5%가 되었고, 수급 건수도 1991년에 7만 2,000세대였던 것이 2006년에는 29만 5,333세대로 계속 급증해 과거 10년간만 놓고 보아도 약 2배가 되었다.

여기에서 생활보호 건수와 비중을 사유별로 살펴보겠다. 홍콩에서 생활보호제도는 복수로 존재하는데, 그 가운데 가장 규모가 큰 것은 '종합사회보장원조제도Comprehensive Social Security Assistance(이하 CSSA로 약칭)' 이다. 이것은 자활이 불가능한 생활 빈곤자를 대상으로 생활비를 현금

표 8-1 **종합사회보장원조제도 수급의 사유** (단위: 100만 홍콩달러, %)

	1995/1996		2003/2004	
	금액	비중	금액	비중
고령	94,243	69.2	147,433	50.7
실명	460	0.3	325	0.1
시청각장애	143	0.1	352	0.1
신체장애	2,543	1.9	4,600	1.6
정신장애	6,912	5.1	10,665	3.7
일시 상해	14,450	10.6	22,251	7.7
한부모 가정	8,982	6.6	37,949	13.1
저소득	1,814	1.3	14,215	4.9
실업	10,131	7.4	48,450	16.7
기타	6,523	4.8	4,465	1.5
합계	136,201	100.0	290,705	100.0

자료: 香港統計年鑑(각 연도).

급부하는 것으로, 자산평가가 이루어진다. 〈표 8-1〉에서 알 수 있듯이, 홍콩 반환 직전까지는 CSSA 수급자의 70% 가까이가 고령을 이유로 했는데, 반환 이후에는 실업과 저소득, 한부모 가정의 비중이 급증했다.

이러한 이유가 보여주는 바와 같이, 자유방임주의를 표방하고 연금이나 실업보험이 설정되지 않았던 홍콩에서는 고령자와 실업자 모두 생활보호로 보장하지 않으면 안 된다. 그리고 모든 것을 최저생활보장으로 수용하는 제도는 경기의 후퇴와 고령화의 영향에 따라 재정 부담으로 직결된다. 그 결과 홍콩은 '극대화하는 최소한의 생활보장'이라는 역설을 안게 되었던 것이다.

홍콩 정부의 대응과 결과가 지닌 의미

이러한 역설에 대해 홍콩이 선택한 길은 어디까지나 자유주의적인 복지정책을 관철하는 것이었다. 즉, 저출산·고령화에 대해서는 해외로부터 젊은 노동력을 받아들이는 동시에, 생활보호를 받는 고령자에게는 물가가 저렴한 중국 대륙으로의 이주를 장려했다. 이리하여 필리핀, 태국, 인도네시아로부터는 가사와 개호에 종사하는 젊은 여성이 홍콩에서 일하게 되었다. 또한 2003년 6월에 CSSA 수급에 필요한 조건인 '홍콩 거주 기간'을 1년에서 7년으로 늘렸다. 이에 따라 대륙으로부터 새로 이주해 들어온 이들은 7년 동안은 생활보호를 받는 것이 불가능해졌다. 이리하여 중국 대륙으로부터 저소득자의 유입을 봉쇄하는 동시에, 산업 고도화를 담당할 고학력 인재를 중국 대륙으로부터 적극적으로 도입하고자 별도의 전용 비자를 만들었다.[10]

NGO에 대해서는 보조금 대책 프로그램의 효율화를 이유로 새로운 평가제도를 도입했다. 홍콩 정부는 NGO를 통해 복지 서비스를 제공해 왔는데, 그 보조금은 CSSA에서 큰 비중을 차지했다. 이를 통해 정부는 NGO의 보조금 분배에 경쟁과 자기 책임을 도입해 효율화를 도모했던 것이다. 구체적으로는 '서비스 퍼포먼스 관찰제도PMS: Performance Monitoring System'를 1999년부터 2002년에 걸쳐 단계적으로 도입했다. 이 제도는 성과주의, 자가 점검, 외부 평가를 특징으로 한다. 나아가 정부는 복

---

10 홍콩 정부는 2003년 7월 15일부터 「중국 대륙으로부터의 인재 수입계획(輸入內地 人材計劃, The Admission Scheme for Mainland Talents and Professionals)」을 시행했다. 그리고 2006년 6월 28일부터는 중국 및 해외로부터의 고급인재가 홍콩에 정착하는 것을 촉진하고자 별도로 「우수인재 입경계획(優秀人材入境計劃, The Quality Migrant Admission Scheme)」에 의한 수용 틀을 설정했다(Information Service Department, 2007: 1).

지 서비스를 위탁할 때 입찰을 실시하고 민간 기업과 NGO 간 경쟁 원리를 도입했다.

사회보험과 관련해, 2000년에 결국 홍콩 최초의 공적연금제도가 막을 열었다. 그런데 이 강제적립연금MPF: Mandatory Provident Fund은 어디까지나 민간 금융기관이 제공하는 양로보험에 대한 가입을 의무화한 것이었다. 그런 의미에서 엄밀하게는 '공적'이라는 정의는 적용되지 않는다. 운용 책임은 민간 금융기관에 있기 때문에 정부재정의 적자를 유발하지도 않는다. 정부의 리스크는 제도 발족 시의 준비금과 공무원에 대한 고용주로서의 지출에 그친다. 또한 부과 방식과 달리 완전 적립 방식이기 때문에 저출산·고령화의 영향을 받지 않는다.

앞에서 언급한 바와 같이, 중국 대륙의 기초연금은 개인계좌로 적립하는 방식을 도입하면서도 보험료의 적립이 없는 현 시점에서의 퇴직자에게도 연금을 지급하기 때문에 부과 방식의 공통기금을 설정해 재분배 기능을 갖게 했다. 그 결과 개인계좌에서 공통기금으로 적립분이 유출되고, 실제로는 부과 방식에 치중하는 현실이다. 거꾸로 홍콩은 제도 도입 이전의 근무 기간이 긴 사람들(즉, 현재의 고령자)을 연금제도로부터 배제하게 되었다. 이 때문에 그들은 저축과 가족의 지원이 줄어들면 바로 생활보호의 대상이 되지 않을 수 없다. 사실 1996년과 2006년에 홍콩 정부가 시행한 인구 표본조사를 비교해보면 빈곤의 고령화가 진행되고 있음을 알 수 있다.[11]

---

11   2006년 조사에서는 고령자 세대의 월수입의 중앙치는 5,846홍콩달러였는데, 이것

홍콩의 사례는 정부가 최소한의 생활보호와 복지 서비스의 민영화를 관철하면 모든 리스크가 생활보호에 집중되고 복지 지출의 팽창을 유발한다는 것을 보여준다. 또한 재정 적자를 억제하기 위해 시장원리를 도입하면 생활보호에서 소외된 계층의 빈곤이 심화된다는 것이 밝혀졌다. 홍콩의 1인당 GDP는 4만 3,000달러를 넘어서, 이미 일본(3만 4,000달러)을 능가한다. 그러나 소득의 불평등 정도를 나타내는 '지니계수Gini coefficient'를 살펴보면, 한국(2004년)이 0.316, 타이완(2003년)이 0.339인데 비해, 홍콩(2006년)은 0.533에 달한다. 다만 세금을 뗀 후의 세대소득으로 하면, 홍콩의 2006년 지니계수는 0.475가 된다. 이것은 2004년 중국 대륙(0.473)과 거의 같은 수준이다(Asian Development Bank, 2008: 128). 민간의 힘을 이용한 복지 다원화를 지향하는 중국 대륙에 홍콩은 '격차가 있는 번영'의 구체적인 모습을 보여주는 역할을 하고 있다.

은 홍콩 주민 전체(2만 7,761홍콩달러)의 21%에 불과하다. 또한 홍콩 전체 세대 월수입이 1996년 2만 7,719홍콩달러에서 근소하게나마 상승한 것과 달리 고령자 세대는 1996년 수준(6,801홍콩달러)에서 13.8%가 떨어졌다(香港政府統計處二零零六年中期人口統計辦事處, 2008: 103).

생활보장의 담당자와 리스크의 추이

사람은 누구나 안전하고 건강한 생활을 바란다. 그런데 현실에서는 자연재해와 불의의 사고, 병환, 노화 혹은 실업으로 생활의 안정이 위협받고 있다. 이러한 사태에 대해 중국에서는 누가 어떻게 리스크 경감을 도모해왔을까? 그리고 어떠한 역사적 과정을 거쳐 현재에 이르게 되었을까?

20세기에 중국의 변화를 살펴보면, 우선 청조 시대에는 가족과 지역 (지연·혈연조직의 상호부조 및 지방 유력자의 자선 활동 포함)이 주된 리스크의 담당자였다. 이민족이 지배하는 '국가'는 부차적 역할에 그쳤고 '작은 정부'로서 존재했다. 그렇지만 중화민국에 들어서 근대국가의 형성이 진전되자 '국가(당·정부)'가 관할하는 영역이 확대되었다. 이 조류는 중화인민공화국의 사회주의개조로 정점에 달했다. 이때 '국가'가 리스크 관리에 사용한 수단은 계획경제의 '단위'였다. 도시에서는 근무처의 기업과 기관이, 농촌에서는 인민공사의 생산대대와 생산대가 '단위'가 되어, 생산부터 정치 활동, 주택 분배, 의료 서비스 제공, 나아가 관혼상

제에 이르기까지 구성원의 생활수준과 생활양식을 규정했다. 달리 말해 계획경제 시기에는 '단위'가 생활보장의 담당자이며 이 시스템 자체를 보장했던 것이 '국가'였던 점을 볼 때 '국가', 즉 공권력이 생활보장에 미치는 영향은 과거 어느 때보다 높았다.

이상과 같이 '단위'를 매개로 했던 국가의 생활보장은 1978년 12월의 제11기 3중전회를 기점으로 하는 경제개혁과 대외개방에 의해 전환점을 맞이한다. 농촌에서는 생산책임제가 도입되면서부터 인민공사가 해체된다. 또한 시장경제의 침투와 '경제 세계화'의 격렬한 경쟁에 노출된 결과 많은 국유기업이 경영 부진과 누적 적자로 고통을 받았다. 이 때문에 '단위'를 활용한 자원 배분을 통해 '국가'가 리스크를 직접적으로 관리하던 방식도 후퇴할 수밖에 없게 되었다. 이리하여 중국은 '단위'를 대신해 생활보장을 이행할 것을 찾게 되었고, 자본주의국가의 대응 방법, 즉 사회보장제도의 구축을 향한 실험을 개시했다.

그러나 이 책에서 살펴본 바와 같이, 그 길은 평탄하지 않았다. 우선 정부는 '단위'가 안고 있던 생활보장 부분을 잘라내 이를 '사회'에서 담당하게 하는 방침을 내놓았다. 그렇게 함으로써 경제단위가 '기업'이 되어 시장에 적응하기 용이해질 것으로 여겨졌다. 문제는 '사회'의 내실이었다. 사회의 전체 구성원이 담당자가 된다면 이론적으로는 정부재정, 즉 조세租稅 방식에 의한 사회보장의 제공도 있을 수 있다. 그러나 점진주의를 채택한 중국은 현실적인 방법으로 구舊 '단위'의 생활보장을 계승하는 형태를 선택했다. 구체적으로는 기존 국영기업의 노동보험을 원형으로 한 '노동자 기반의 사회보험'이 새로운 사회보장제도의 중심이 되었다.

　이러한 새로운 사회보험의 설계에는 선진국에서 이미 진전된 신자유주의에 뿌리를 둔 복지국가 비판의 언설이 영향을 주었다. 중국이 개혁·개방에 나섰을 무렵, 선진국에서는 재정 적자의 요인을 '큰 정부'와 비효율적인 사회보장에서 찾는 대처Margaret Thatcher와 레이건Ronald Reagan이 공공 서비스에 시장원리를 적용하여 규제 완화와 사회보장 축소 등의 개편을 시행했다. '단위'를 통한 생활보장의 비용이 국유기업의 적자 요인의 하나라고 여기던 중국에 이러한 앵글로색슨형 개혁 논리는 이해하기 쉬운 것이었다.[1] 중국 최대의 사회보험인 기초연금은 수익자 부담의 발상에 따라 피보험자가 보험료를 적립하는 '개인계좌'를 설치했다. 이러한 개혁으로 생활보장의 담당자는 '국가(정부·당)'에서 '사회'로, 그 매개 수단은 '단위'에서 '사회보험'으로 이행하는 것으로 보인다.[2]

　그러나 새로운 사회보험은 보급과 보장 수준의 두 측면에서 충분한 생활보장을 제공했다고 말하기 어렵다. 농민과 비정규 고용자는 소득이 낮고 유동성이 높아 보험료를 징수하기 어렵고 사회보장 대상에서 제외되기 일쑤였다. 또한 계획경제 시대에 근무했던 세대도 보험료를 적립

1　와다 요시로(和田, 1997: 120~121)가 지적하는 바와 같이 잉여 인원의 증가와 퇴직자의 증가는 국영기업의 수익성 저하의 결과였지 원인은 아니었다고 할 수 있는데, 사회보장제도 개혁의 초기에는 퇴직자의 증가에 의한 연금 지급이 경영을 압박하고 국유기업의 적자를 만들어낸다는 언설이 널리 확산되었다.

2　예를 들면, 재취직센터의 비용은 원래 근무처인 기업, 지방정부, 그리고 '사회'가 3분의 1씩 부담하는 설계가 되었는데 앞의 양자는 기존 생활보장의 담당자인 '단위'와 정부이며, 최후의 '사회'는 사회보장으로부터의 출자를 의미한다.

하지 않았다. 결국 농민에게 별도로 적용되는 보험제도를 설치하게 되었는데, 이는 사실상 공적보험이라기보다 정부가 관리하는 상업보험이 되어버렸다. 이와 대조적으로 계획경제 시대의 종신 고용자에 대해서는 현행 사회보험에 편입시켜 생활을 보장했다. 그러나 이를 위한 사회보험의 적립 부분이 유명무실해져 소득보장 기능이 저하되고 있다.

이것은 중국에 한정된 것이 아니며, 많은 개발도상국이 직면하고 있는 딜레마이다. 무엇보다 선진국의 경험에서 복지국가란 '공업화와 도시화, 정치적 민주주의의 성장을 배경으로 하여 사회보험제도가 정착한 국가'를 지칭한다(大澤眞理, 2004: 10). 따라서 농촌 인구가 절반을 차지하고 민주화도 미성숙한 개발도상국에서 사회보험을 중심으로 한 생활보장을 하기에는 무리가 있다. 그럼에도 세계은행의 권고에 따라 개발도상국이 사회보험을 추진할 수밖에 없는 것은 저출산·고령화가 급속하게 진전되고 있기 때문이다. 현재 중국에서는 공업화와 도시화가 급속하게 진전되고 있어 이전보다 조건이 정비되고 있다고 말할 수 있다. 그렇지만 그럼에도 ① 매우 단기적으로 진행되었기 때문에 이행을 위한 사회적 비용이 소화되지 못하고 있었으며, ② 농촌 인구의 비율이 아직 높고, ③ 비정규 고용이 확대되고 있으며, ④ 민주화의 움직임이 경제성장에 비해 더디다는 점을 고려할 때 사회보험의 기능에 한계가 있다는 것은 당연하다고 말할 수 있다.

이처럼 '단위'를 대신할 것이라 기대했던 사회보험이 생활보장을 담당하기에 충분하지 않았던 탓에 서민은 노골적인 시장원리에 직면하게 되었다. 사회적 안전망이 결핍된 상태에서 리스크는 오로지 가족이 부담할 수밖에 없었다. 결국 확대하는 소득 격차는 교육, 주택, 양로, 의료 등 사회 서비스에 여실히 반영되었다. 예를 들어, 공적 의료 서비스는 계획경제 시기에 전통적인 중국의학을 활용하면서 농촌까지 깊지는 않지만 널리 도달했다. 그러나 현재는 의료의 시장화에 따라, 일부 부유층이 도시의 대형 병원에서 극진한 치료를 받는 반면에 농민과 저소득층은 치솟는 의료비를 감당하지 못하고 부상을 당하거나 병에 걸리면 가족 전체가 순식간에 빈곤에 빠지게 되었다. 또한 현행의 사회보장제도에서는 도시와 농촌·지방 간 경제 격차가 사회보장제도를 통해서 도리어 증폭되는 모순된 결과를 초래했다. 이러한 변화에 주목해보면, 개혁·개방 이후에 생활보장제도의 공공성은 현저하게 저하되고, 사회 전체의 생활 리스크는 높아진 것으로 보인다.

사스의 발생은 그 높은 리스크의 대가를 정부와 시민이 재확인하는 계기가 되었다. 다시 지역사회(사구)의 기능이 중시되어, 공동체를 통한 사회 서비스에 대해 관심이 높아졌다. 사회보험의 한계는 공적 부조(최저생활보장제도)와 공동체를 통해 보완될 것으로 기대하고 있다. 또한 기업도 사회의 일원인 이상 '기업의 사회적 책임CSR'이 필요하다는 인식이 확대되고 있다. 예를 들면, 쓰촨 대지진 때에는 일정한 규모와 사회적 지위가 있는 기업이라면 기부와 지원 물자를 제공하는 것이 당연한 것으로 간주되었다. 과거의 사회보장 개혁의 목적이 '생활보장에 대한 기업의 부담을 없앤다'는 것에 있었다는 것을 고려해보면, 큰 방향 전환이 일어났다고 말할 수 있다. 나아가 지역을 초월한 사회 일반의 모금과 해외의 원조도 재해 지역과 빈곤 지역의 구제나 사회 개발로 향하고 있다. 즉, 최근의 생활보장에 대해 가족과 지역사회 등 전통적인 담당자의 역할에 다시 초점을 맞추고, 대기업과 경제적 유력자 및 각종 자선단체나 사회사업단체로부터도 지원을 받으며, 정부가 사회보험과 최저생활보장을 안전망으로서 제공한다는 것을 알 수 있다.

이러한 담당자의 변화를 보면, 20세기 생활보장에서 결국 가족과 지역공동체가 기반이 되고, 중화민국부터 중화인민공화국의 계획경제 시기에 걸쳐서 정부의 역할이 확대되었지만 개혁·개방으로 다시 청조 시대를 상기시키는 '작은 정부'와 '가족·지역공동체의 상호부조 + 유력자의 자선'이라는 구조로 회귀하고 있는 것으로 보일지도 모른다. 그러나 이 책에서 살펴본 바와 같이, 이것이 반드시 '잃어버린 전통의 부활'에 머물지 않고 오히려 계획경제 시대의 생활보장을 계승하고 있다는 점에 유의할 필요가 있다. 도시의 구舊 국유기업을 토대로 한 사회보험의 보급은 그 전형일 것이다.

또한 계획경제 시대의 '정부의 역할'에 대해서도 '단위'를 매개로 했던 점을 볼 때 지역공동체가 이를 대체하는 측면이 있었다. 특히 농촌에서는 자급자족의 측면이 컸기 때문에 '국가'에 의한 생활보장은 한정적이었다고 말할 수 있다. 즉, 계획경제 시기에는 생활보장의 공공성은 높았지만 공급량은 실제로 '국가'보다 '단위'의 경제력에 따라 규정되었으며, 예를 들어 대규모 국유기업과 소규모 집단기업 간에는 이용 가능한 생활보장의 자원에 격차가 있었다. 계획경제 시기에는 그 격차가 작았지만, 개혁·개방의 시장경제에 의해 격차가 확대되었기 때문에 지역을 초월한 '국가'에 의한 재분배가 다시 필요해졌다. 현재의 사회 안전망은 이른바 왕조 시대부터 계획경제에 걸쳐 사용한 방법을 총동원하고자 하는 것이며, 전통적인 가족과 지역공동체는 어디까지나 그 일환으로서 중시되고 있는 것이다.

그런 의미에서 현대는 청조 시대 '작은 정부'의 부활이라기보다 과거 어느 때보다도 '큰 정부'에 의한 생활보장이 요구되는 시점이다. 이 점은 한 차례도 계획경제를 거치지 않은 '궁극의 자유주의 레짐'인 홍콩과 비교해보면 더욱 명백해진다. '작은 정부'를 표방하는 홍콩은 사회보장의 마련을 계속 회피했고, 어디까지나 정부의 역할을 최저생활보장과 민간단체를 통한 복지 서비스의 제공으로 한정했다. 그 결과 빈곤 예방 효과가 작고, 빈부 격차는 중국 대륙을 상회하며, 최저생활보장에 대한 정부 지출이 팽창했다. 이에 비해 중국에서는 사회보험이 불완전하나마 확립되고 있다. 나아가 잊어서는 안 될 것은 홍콩과 중국 모두 저출산·고령화로 가족이 힘을 잃고 공업화와 도시화로 지역공동체의 유동화가 진전되고 있어, 전통적인 담당자에 의존할 수 있는 여지가 축소되고 있다는 점이다. 고도 경제성장이 진행 중인 현재, 중국은 생활보장에서 국가의 역할이 절실하게 요구되고 있다.

참고문헌

일본어

飯島渉. 2000.『ペストと近代中國: 衛生の「制度化」と社會變容』. 研文出版.

_____. 2005.『マラリアと帝國: 植民地醫學·帝國醫療と東アジアの廣域秩序』. 東京大學出版會.

_____. 2006a.「病の中國史」. 山川出版社. ≪歷史と地理 世界史の研究≫, 第596号.

_____. 2006b.「宮入貝の物語: 日本住血吸虫病と近代日本の植民地醫學」. 田中耕司 編.『實學としての科學技術』. 岩波講座.『帝國日本の學知』, 第7卷.

_____. 2007.「醫療·衛生事業の制度化と近代化: '植民地近代性'への試論」. 濱下武志·崔章集 編.『東アジアの中の日韓交流』(日韓共同研究叢書20). 慶應大學出版會.

_____. 2009.「衛生の制度化と近代性の連鎖」. 飯島渉·久保亨·村田雄二郎 編.『シリズ 20世紀中國史(第2卷): 近代性の構造』. 東京大學出版會.

石崎榮生. 2007.「韓國の醫療保險制度の沿革と問題點」. ≪アジ研ワールド·トレンド≫, 第138号.

于學軍. 2006.「一人っ子政策の成果と展望」. 若林敬子 編, 筒井紀美 譯.『中國 人口問題のいま: 中國人研究者の視點から』. ミネルヴァ書房.

上村泰裕. 2004.「東アジアの福祉國家: その比較研究に向けて」. 大澤眞理 編.『アジア諸國の福祉戰略(講座·福祉國家のゆくえ 第4卷)』. ミネルヴァ書房.

埋橋孝文. 2006.「東アジア社會政策再考」.『第2屆社會保障國際論壇 社會福利的製作與發展會議論文集(上)』. 中國人民大學中國社會保障研究中心 9月9日～9月10日.

內村弘子. 2009.「中國: 制度再構築と醫療格差縮小への摸索」. 井伊雅子 編.『アジアの

醫療保險制度』. 東京大學出版會.

江田憲治. 1997.「國民政府の防疫戰: 1938〜1945年」. 松村高夫 外編.『戰爭と疫病: 731
　　部隊のもたらしたもの』. 本の友社.

王文亮. 2004.『九億農民の福祉: 現代中國の差別と貧困』. 中國書店.

＿＿＿. 2008.『現代中國の社會と福祉』. ミネルヴァ書房.

＿＿＿. 2009.『格差大國 中國』. 旬報社.

大泉啓一郎. 2006.「東アジアの高齡社會對策と日本の支援・協力のあり方: タイを事例に」.
　　≪RIM環太平洋ビジネス情報≫, 第6卷 第22号.

＿＿＿. 2007.『老いてゆくアジア: 繁榮の構圖が變わるとき』. 中公新書.

＿＿＿. 2008. 10. 13. "五輪後の中國". ≪朝日新聞≫.

大澤眞理. 2004.「序論 東アジア諸國の福祉戰略と開發戰略」.『アジア諸國の福祉戰略
　　(講座・福祉國家のゆくえ 第4卷)』. ミネルヴァ書房.

大谷順子. 2007.『國際保健政策からみた中國: 政策實施の現場から』. 九州大學出版會.

大鶴正滿. 1958.「中共の地區組織活動: カ・ハエ撲滅運動からみる」. ≪公衆衛生≫, 第22卷
　　第11号.

奧村哲. 1999.『中國の現代史: 戰爭と社會主義』. 青木書店.

何立新. 2008.『中國の公的年金制度改革: 體制移行期の制度的・實證的分析』東京大學
　　出版會.

郭曉宏. 2004.「勞動災害保險制度の改革」. 田多英範 編.『現代中國の社會保障制度』.
　　流通經濟大學.

塚本隆敏. 2006.『中國の國有企業改革と勞動・醫療保障』. 大月書店.

加藤弘之・久保亨. 2009.『進化する中國の資本主義』(叢書 中國的問題群5). 岩波書店.

神谷不二. 1966/1990.『朝鮮戰爭』. 中公新書/中公文庫.

川越修. 2004.『社會國家の生成: 20世紀社會とナチズム社會主義』. 岩波書店.

窪田道夫. 2008a.『中國における醫療費高騰のメカニズムの研究: 醫療制度改革と技術
　　進步が引き起こす患者負擔の增加』. 東京外國語大學大學院 博士學位論文.

＿＿＿. 2008b.「中國の基本醫療保險制度に見る再分配機能の限界: 改革制度がもたら
　　す患者負擔の增加」. ≪クアドンテ≫(東京外國語大學 海外事情研究所), 第10号.

クロイツァー, ラルフ C.(Ralph C. Croizier). 1994. 『近代中國と傳統醫學』. 難波恒雄 外 譯. 創元社.

景天魁. 2008. 「農民の健康問題をめぐって: 政府, 市場, 社會の相互機能」. 袖井孝子・陳立行 編. 『轉換期中國における社會保障と社會福祉』. 日中社會學叢書 グローバリゼーションと東アジア社會の新構想(5). 明石書店.

嚴善平. 2009. 『農村から都市へ: 1億300万人の農民大移動』(叢書 中國的問題群7). 岩波書店.

日本國際協力機構(JICA), ニッセイ基礎研究所(株), 國際開發センター(財). 2009. 『中華人民共和國農村社會養老保險制度整備調査最終報告書(要約編)』.

國立社會保障・人口問題研究所. 2007. 「世界主要國の人口統計」. retrieved from http://www.ipss.go.jp/syoushika/tohkei/Mokuji/4_World/W_Detail.asp?fname=2_Pop/156.htm&title2=中國

小浜正子. 2000. 『近代上海の公共性と國家』. 研文出版.

小宮義孝. 1949. 『城壁: 中國風物誌』. 岩波新書.

松田肇・桐木雅史. 2004. 「住血吸虫症の歴史と現狀」. ≪醫學のあゆみ≫, 第208巻 第2号(2004年 1月).

吳軍華. 2008. 『中國 靜かなる革命』. 日本經濟新聞社.

沙銀華. 2001. 「失業保險」. 中國研究所 編. 『中國は大丈夫か? 社會保障制度のゆくえ』. 創土社.

齊木大. 2007. 「中國」. 諸外國におけるボランティア活動に關する調査研究實行委員會. 『諸外國におけるボランティア活動に關する調査研究報告書(平成19年3月)』. 文部科學省委託調査, 文部科學省生涯學習政策局社會教育科. retrieved from http://www.mext.go.jp/a_menu/shougai/houshi/07101511.htm

佐々學. 1960. 『風土病との闘い』. 岩波新書.

澤田ゆかり. 2008. 「上海における外地籍就勞者の社會保障: 100サンプルを中心に」. 若林敬子 編. 『中國における人口と環境: 都市化と人口流動化に關する調査と分析』. 文科省科研費基礎研究B海外學術調査2004-2007年 課題番號16402025, 途上地域人口社會學研究報告書第17号, 東京農工大學大學院農學府, 3月.

徐明. 2007. 「政治の民主化と高齢者福祉の推進」. 沈潔 編. 『中華圏の高齢者福祉と介護: 中國·香港·台灣』. ミネルヴァ書房.

鍾家新. 2008. 「毛澤東時代の福祉政策」. 袖井孝子·陳立行 編. 『轉換期中國における社會保障と社會福祉』. 日中社會學叢書 グロバリゼーションと東アジア社會の新構想(5). 明石書店.

沈潔. 2009. 「中國における高齢者の生活保障システム」. 宇佐見耕一 編. 『新興諸國における高齢者の生活保障システム』. アジア經濟研究所.

孫曉冬. 2006. 『中國型ワークフェアの形成と展開』. 昭和堂.

大和總研. 2009. 『中國の社會保障制度構築に向けた取り組みに關する調査報告書』(財務省委囑調査) 大化總研. retrieved from http://www.mof.go.jp/jouhou/kokkin/tyousa/2013chinatyousa_00.pdf

田中比呂志. 2009. 「地域社會の構造と變動」. 飯島渉·久保亨·村田雄二郎 編. 『シリズ20世紀中國史(第2卷): 近代性の構造』. 東京大學出版會.

田原裕子. 2008. 「上海市における高齢者福祉の多元化と空間的パターン」. 荒井良雄 外編. 『中國都市の生活空間: 社會構造·ジェンダー·高齢者』. ナカニシヤ出版.

中國醫學研究會 編. 1972. 『新中國醫學への道』. 亞紀書房.

張紀濤. 2001. 『現代中國社會保障論』. 創成社.

寺西重郎. 2003. 「序章 アジアのソーシャル·セーフティネット」. 寺西重郎·一橋大學經濟研究所經濟制度研究センター 編. 『アジアのソーシャル·セーフティネット』. 勁草書房.

內閣府. 2006. 「少子化社會白書2006」. retrieved from http://www8.cao.go.jp/shoushi/whitepaper/w-2006/18pdfhonpen/pdf/i1060300.pdf

長井曉. 2009. 「テレビは中國をどう傳えてきたか: NHKの特集番組を中心に」. ≪放送研究と調査≫(NHK放送文化研究所), 第59卷 第1号.

中江章浩. 1998. 『21世紀の社會保障: 日本と中國の現狀と課題』. 第一書房.

日本國際問題研究所中國部會. 1970-1975. 『中國共産黨史資料集』(全12卷). 勁草書房.

姬田光義 外. 1993. 『中國20世紀史』. 東京大學出版會.

廣井良典. 2006. 「醫療·福祉政策と公共性」. 市野川容孝·金泰昌 編. 『健康·醫療から考

る公共性』(公共哲學19). 東京大學出版會.

夫馬進. 1997.『中國善會善堂史研究』. 同朋舍出版.

星斌夫. 1985.『中國社會福祉政策史の研究』. 國會刊行會.

松村高夫. 1997.「細菌戰研究の問題性」. 松村高夫 外編著.『戰爭と疫病: 731部隊のも
　　たらしたもの』. 本の友社.

三浦有史. 2007.「中國の都市年金財政は持續可能か」. ≪アジア・マンスリー≫(日本總合
　　研究所), 第7卷 第74号.

三好美紀. 2007.「中國の榮養事情」. 大谷順子.『國際保健政策からみた中國: 政策實施
　　の現場から』. 九州大學出版會.

村田雄二郎. 2009.「總論 持續・變容する世界および他者との邂逅」. 飯島涉・久保亨・村
　　田雄二郎 編.『シリズ20世紀中國史(第1卷): 中華世界と近代』. 東京大學出版會.

元田結花. 2008.「國境を越える感染症對策」. 遠藤乾 編.『グローバル・ガバナンスの最
　　前線』. 東信堂.

森田雅典. 2003.「中國の都市部年金制度改革」. ≪自治體國際化フォーラム≫, 第170号.

山本恒人. 2000.『現代中國の勞動經濟 1949~2000: 合理的賃金制度から現代勞動市
　　場へ』. 創土社.

米山隆一・鄭文輝・朱澤民. 2009.「台灣: 新たな國民皆保險制度の試み: 國民醫療保險
　　(National Health Insurance, NHI)を中心に」. 井伊雅子 編.『アジアの醫療保險
　　制度』. 東京大學出版會.

呂學靜. 2004.「最低生活保障制度の創設」. 田多英範 編.『現代中國の社會保障制度』.
　　流通經濟大學.

呂學靜・于洋. 2004.「失業保障制度の創設」. 田多英範 編.『現代中國の社會保障制度』.
　　流通經濟大學.

若林敬子. 2005.『中國の人口と社會的現實』. ミネルヴァ書房.

和田春樹. 2002.『朝鮮戰爭全史』. 岩波書店.

和田義郎. 1997.「中國國有企業改革の分析: 經濟開發と企業」. ≪開發援助研究≫, 第4
　　卷 第4号.

武田泰淳・竹內實. 1965.『毛澤東: その詩と人生』. 文藝春秋新社.

중국어

編纂委員會 編. 1998. 『上海衛生志』. 上海社會科學院.

蔡昉 主編. 2008. 『中國勞動與社會保障體制改革30年研究』. 經濟管理出版社.

陳高傭. 1935/1986. 『中國歷代天災人禍表』. 國立暨南大學叢書之一(이후 上海: 上海書店影印).

陳海峰 編. 1993. 『中國衛生保健史』. 上海: 上海科學技術出版社.

陳懷耳·杜樂勛. 2007. 「中醫存廢之爭」. 杜樂勛·張文鳴. 『中國醫療衛生發展報告(No. 3)』. 中國衛生産業雜誌社 主編, 北京: 中國社會科學文獻出版社.

陳淑芬. 2000. 『戰後之疫: 台灣的公共衛生問題與建制』. 台北: 稻鄉出版社.

段家喜. 2007. 『養老保險制度中的政府行爲』. 社會科學文獻出版社.

杜樂勛. 2007. 「中國三大醫改觀點和三大醫改方案總述」. 杜樂勛, 張文鳴, 中國衛生産業雜誌社 主編. 『中國醫療衛生發展報告』. 北京: 中國社會科學文獻出版社.

傅連暲. 1953. 『我熱愛自己醫生的職業』. 上海: 華東醫務生活社.

葛延風·貢森 外. 2007. 『中國醫改: 問題·根源·出路』. 北京: 中國發展出版社.

國家統計局. 各年度. 『國家統計年鑑』.

國家統計局人口與就業統計司·勞動部綜合計劃與工資司 編. 1996. 『中國勞動統計年鑑一九九六』. 北京: 中國統計出版社.

國務院發展研究中心課題組. 2005. 「對中國醫療衛生體制改革的評價與建議」. ≪中國發展評論≫, 2005年 增刊 第1期.

顧昕. 2008. 『走向全民醫保: 中國新醫改的戰略與技術』. 北京: 中國勞動社會保障出版社.

韓俊·羅丹 外編. 2007. 『中國農村衛生調查』. 上海: 上海遠東出版社.

胡定安. 1928. 『中國衛生行政設施計劃』. 商務印書館.

江立華·沈潔 外. 2008. 『中國城市社區福利』. 中國科學文獻出版社.

江潭瑜 編. 2007. 『深圳經濟社會調查』. 人民出版社.

柯卉兵. 2009. 「中國社會保障財政支出的地區差異問題分析」. ≪公共管理學報≫(哈爾浜).

梁其姿. 1997. 『施善與教化: 明清的慈善組織』. 台北: 聯經出版社.

劉傳江·徐建玲. 2009. 『農民工市民化進程研究』. 人民出版社.

劉書鶴·劉廣新. 2005. 『農村老年保障體系的理論與實踐』. 中國社會科學出版社.

尙曉援·伍曉明. 2008.『和諧社會與慈善中華』. 中國勞動社會保障出版社.

唐國平. 2004.「中華蘇維埃共和國傳染病防治工作的經驗」. ≪中華醫史雜誌≫, 第34卷 第3期.

汪泓 主編. 2008.『上海社會保障改革與發展報告(2008)』. 社會科學文獻出版社.

汪華. 2003.「近代上海社會保障事業初探(1927-1937)」. ≪史林≫(上海社會科學院), 第6期(總第75期).

王冉·盛來運. 2008.「中國城市農民工社會保障影響因素實證分析」. ≪中國農村經濟≫. (人民大學書報資料中心. 2009. ≪社會保障制度≫, 第1期, 11~17쪽에 재수록).

王衛平. 2008.「論吳文化中的慈善傳統」. 楊團·葛道順 編.『和諧社會與慈善中華』. 中國勞動社會保障出版社.

衛生部統計信息中心. 2009.「2008年我國衛生事業發展公報」.

香港政府統計處. 2006.『香港統計年刊 二零零六年版』. 香港印務局.

香港政府統計處二零零六年中期人口統計辦事處. 2008.『主題性報告: 長者』. 香港特別市行政區政府統計處.

謝志平. 2008.「中國慈善文化傳統的內在矛盾及其現代轉化」. 楊團·葛道順 編.『和諧社會與慈善中華』. 中國勞動社會保障出版社.

徐建玲. 2007.『中國農民工就業問題: 基於農民工市民化視角』. 中國農業出版社.

楊明 外. 2007.『1995-2004 北京社會經濟發展年度調查數據報告』. 北京出版社.

張工. 2007.『北京市社會發展藍皮初2007: 讓社會公共服務惠及市民』. 中國大百科全書出版社.

張廣鑄 主編. 1999.『天津通志 衛生志』. 天津: 天津社會科學出版社.

張建平. 2006.『中國農村合作醫療制度研究』. 北京: 中國農業出版社.

中國社會保障·公衆衛生研究會 編. 2007.『中國社會保障·公衆衛生基本資料』. 內部出版.

中共中央南方十三省,市,區血防領導小組辦公室. 1978.『送瘟神』.

"養老保險新規11月出基礎養老月繳標準上調10%". ≪二一世紀經濟報道≫, 2005年 11月 19日. retrieved from http://finance.sina.com.cn/money/insurance/bxdt/20051119/09492131981.shtml

勞動和社會保障部·國家統計局. 2007.「2006年度勞動和社會保障事業發展統計公報」.

retrieved from http://www.molss.gov.cn/gb/news/2007-05/18/content_178167.htm

영어

Asian Development Bank. 2008. *Key Indicators for Asia and the Pacific 2008*. Manila: ADB. retrieved from http://www.adb.org/documents/Books/Key_Indicators/20 08/pdf/Key-Indicators-2008.pdf

Benedict, C. 1996. *Bubonic Plague in Ninetheenth Century China*, Stanford: Stanford University Press.

Dikötter, F. 1992. *The Discours of Race in Modern China*. London: Hurst & Company.

Henriot, Christian. 1993. *Shanghai, 1927~1937, Municipal Power, Locality, and Modernization*. translated by Noël Casterlino. Berkeley: University of California Press.

Holzmann, Robert and Richard Hinz. 2005. *Old-Age Income Support in the 21st Century: An International Perspective on Pension Systems and Reform*. Washington, D. C.: World Bank.

Information Service Department, Hong Kong Special Administrative Region Government. 2007. "Hokong Kong: The Facts: Immigration." Hong Kong: HKSAR Government website, November 2. retrieved from http://www.gov.hk/ en/about/abouthk/factsheets/docs/immigration.pdf

Rogaski, R. 2004. *Hygienic Modernity: Meanings of Public Health in Treaty-Port China*. Berkeley: University of California Press.

WHO. 2008. "World Health Report 2008: Primary Health Care(Now More Than Ever)."

World Bank. 1994. *Averting Old Age Crisis*. Oxford University Press.

_____. 1997. *Old Age Security Pension Reform in China*. Washington, D. C.: World Bank.

World Health Organization, Regional Office for the Western Pacific. 2009. "Table 1. Demographic Indicators." Country Health Information Profiles. retrieved from

http://www.wpro.who.int/NR/rdonlyres/ECDFFD21-C259-4431-8F30-7A93E3
63F2EA/0/42StatisticalTables2009.pdf

Wu, Lien-teh. 1959. *Plague Fighter: The Autobiography of a Modern Chinese Physician*.
Cambridge: W. Heffer & Sons Ltd.

Yip, Ka-che. 1995. *Health and National Reconstruction in Nationalist China*, Ann Arbor:
The Association for Asian Studies, The University of Michigan.

기본서 안내

중국 사회와 의료 및 위생

의료와 위생을 비롯한 중국의 사회사업을 뒷받침해온 것은 선당 등 민간 자선단체였다. 후마 스스무夫馬進,『중국 선회선당사 연구中國善會善堂史研究』(同朋舍出版, 1997), 량치쯔梁其資,『시선施善과 교화: 명·청의 자선조직施善與敎化: 明淸的慈善組織』(台北: 聯經出版社, 1997)은 명·청 시기의 상황을 상세하게 논하고 있다. 그 이전에 관해서는 호시 아야오星斌夫,『중국 사회복지정책사 연구中國社會福祉政策史の研究』(國會刊行會, 1985)가 있다.

근대에는 의료와 위생에 정부가 본격적으로 대처하는 근대적인 제도가 도입되어 선당과의 긴장관계도 발생했다. 고하마 마사코小浜正子,『근대 상하이의 공공성과 국가近代上海の公共性と國家』(硏文出版, 2000), 다카하시 고스케高橋孝助,『기근과 구제의 사회사饑饉と救濟の社會史』(靑木書店, 2006)는 모두 20세기 초반을 중심으로 상하이 등의 사회사업을 논하고 있다.

민간 주도의 사회사업에 정부가 개입한 계기가 된 것은 의료 및 위생 사업과 관련해 선페스트 등 감염증의 유행이었다. 사실 확인과 그 역사

적 의미에 관해서는 이이지마 와타루飯島涉,『페스트와 근대 중국: 위생의 '제도화'와 사회변용ペストと近代中國: 衛生の「制度化」と社會變容』(研文出版, 2000), 이이지마 와타루飯島涉, 「위생의 제도화와 근대성의 연쇄衛生の制度化と近代性の連鎖」, 이이지마 와타루飯島涉·구보 토루久保亨·무라타 유지로村田雄二郎 엮음,『시리즈 20세기 중국사(제2권): 근대성의 구조シリズ20世紀中國史第2卷: 近代性の構造)』(東京大學出版會, 2009)가 있다. 또한 이이지마 와타루飯島涉,『감염증의 중국사: 공중위생과 동아시아感染症の中國史: 公衆衛生と東アジア』(中公新書, 2009)는 계몽적인 내용이다. 선페스트 유행에 관해서는 캐럴 베네딕트Carol Benedict, *Bubonic Plague in Nineteenth Century China* (Stanford: Stanford University Press, 1996)가 있다.

그러한 가운데 중국의학의 역할은 여전히 컸다. 고소토 히로시小曾戶洋,『한방의 역사: 중국·일본의 전통의학漢方の歷史: 中國·日本の傳統醫學』(大修館書店, 1999)은 중국의학의 역사를 알기 위한 더없이 좋은 입문서이며, 서양의학과 경쟁하는 가운데 중국의학이 존속한 이유에 관해서는 랠프 크로이저Ralph C. Croizier,『근대 중국과 전통의학近代中國と傳統醫學』(難波恒雄 外譯, 創元社, 1994)[1]이 명쾌하게 논하고 있다.

사회주의혁명과 의료 및 위생

사회주의 시대의 의료와 위생에 관한 연구는 많지 않다. 기본적인 사

---

1   이 책의 원저는 *Traditional Medicine in Modern China: Science, Nationalism, and the Tensions of Cultural Change* (Cambridge, Mass.: Harvard University Press, 1968)이다. _ 옮긴이 주

실관계는 천하이펑陳海峰 편저,『중국 위생보건사中國衛生保健史』(上海: 上海科學技術出版社, 1993), 덩톄타오鄧鐵濤 엮음,『중국 방역사中國防疫史』(南寧: 廣西科學技術出版社, 2006) 등의 통사적인 문헌에서 그 개요를 알 수 있으며, 현재 방대한 수가 간행되고 있는 신편 지방지地方志에도 의료와 위생에 관한 책이 있다. 이러한 것은 제도를 아는 데 편리하지만, 그 실태는 달리 검토할 필요가 있다. 또한 이상과 같은 관제 문헌 대부분이 의학에 대해 중국의학 그리고 서양의학 순서로 장을 두고 있다. 이것 자체는 사실과는 거리가 있지만 이념으로서는 어디까지나 '중국의학과 서양의학의 결합'이 유지되고 있다.

연구로서는 1차 자료를 본격적으로 이용해 톈진을 중심으로 위생사업의 역사를 논한 루스 로거스키Ruth Rogaski, *Hygienic Modernity: Meanings of Public Health in Treaty-Port China*(Berkeley: University of California Press, 2004)가 1950년대 애국위생운동의 과정도 논하고 있다. 또한 이이지마 와타루飯島涉,『말라리아와 제국: 식민지의학·제국의료와 동아시아의 광역질서マラリアと帝國: 植民地醫學·帝國醫療と東アジアの廣域秩序』(東京大學出版會, 2005)는 중국에도 영향을 미친 일본의 식민지의학과 제국의료의 문제가 제2차 세계대전을 전후로 단절되지 않고 이어진 측면을 논한다.

'맨발의 의사'로 상징되는 대중 동원형 의료 및 위생사업에 관해서는 동시대의 보고서도 여럿 있다. 조슈아 혼Joshua S. Horn,『맨발의 의사와 함께: 영국인 의사가 본 중국 의료 15년はだしの醫者とともに: イギリス人醫師のみた中國醫療の十五年』(香坂隆夫 譯, 東方書店, 1972)이 있다(원저는 Joshua S.

Horn, A Way with All Pests: An English Surgeon in People's China, Hamlyn House, 1969).

사회주의혁명과 생활보장

중국에서는 최근 사회주의혁명 이전의 생활보장을 현재의 복지혼합과 민간 자원봉사자 활용의 문맥에서 재평가하는 움직임이 나타나고 있다. 대표적인 예로는 양퇀楊團·거다오순葛道順 엮음, 『조화로운 사회와 자선 중화和諧社會與慈善中華』(北京: 中國勞動社會保障出版社, 2008)를 들 수 있다. 한편 계획경제기의 사회보장에 관해서는 개혁·개방의 전사前史로서 부분적으로 취급되는 것이 많다. 일본어 문헌으로는 소데이 다카코袖井孝子·천리싱陳立行 엮음, 『전환기 중국의 사회보장과 사회복지轉換期中國における社會保障と社會福祉』(日中社會學叢書 5, 明石書店, 2009)의 중자신鍾家新이 쓴 장과 장지쉰張紀潯, 『현대 중국 사회보장론現代中國社會保障論』(創成社, 2001)의 제3장이 참고가 된다. 둘 모두 현재의 과제를 폭넓게 분석한 위에 역사적 추이에 입각하여 기술하고 있으며, 통사적인 이해를 얻는 데에 도움이 된다. 또한 다다 히데노리田多英範 엮음, 『현대 중국의 사회보장제도現代中國の社會保障制度』(流通經濟大學, 2004)는 사회보장의 주요 분야(연금, 실업보험, 산업재해, 생활보호 등)를 망라해 소개하고 있으며 간편한 사전으로 이용할 수도 있다. 동시에 다다 히데노리田多英範가 쓴 서장序章은 계획경제 시기 생활보장과 개혁·개방 시기 사회보장의 본질적인 차이를 논하고 있으며, 복지국가라는 관점에서 중국을 고찰하는 데에 유익하다.

계획경제기를 개혁·개방의 전 단계로서 분석하면 시장경제가 노동자 간의 격차를 만들어내고 그 때문에 사회보장이 필요해졌다는 담론에 경도되기 쉬운데, 야마모토 쓰네토山本恒人, 『현대 중국의 노동경제 1949~2000: 합리적 임금제도에서 현대 노동시장으로現代中國の勞動經濟 1949~2000: 合理的賃金制度から現代勞動市場へ』(創土社, 2000)는 여기에 의문을 제기한다. 야마모토 쓰네토의 분석은 계획경제기에 존재했던 저임금층에 주목하여 시장경제하의 사회보장과 노동자의 지위를 진지하게 재고한 것으로 볼 수 있다.

개혁 · 개방 시기의 생활보장

개혁·개방 시기의 사회보장제도 개혁은 국유기업 개혁의 일환으로 시작되었기 때문에 기업 연구의 한 부분으로 분석하는 저자가 많다. 대표적인 예로는 쓰카모토 다카토시塚本隆敏, 『중국의 국유기업 개혁과 노동·의료보장中國の國有企業改革と勞動·醫療保障』(大月書店, 2006)을 들 수 있다. 이와 대조적으로 어디까지나 사회보장의 문제로서 개혁·개방기의 제도적 변천을 포괄적으로 묘사한 것은 왕원량王文亮, 『21세기를 향한 중국의 사회보장二一世紀に向ける中國の社會保障』(日本僑報社, 2001)이다. 나카에 아키히로中江章浩, 『21세기의 사회보장: 일본과 중국의 현황과 과제二一世紀の社會保障: 日本と中國の現狀と課題』(第一書房, 1998)는 중국과 일본의 비교라는 시각에 특징이 있는데, 이에 더해 제도 개혁 전환기의 기록으로서 소중한 증언을 남겼다. 또한 오쓰카 마사노부大塚正修·일본경제연구센터日本經濟研究センター 엮음, 『중국 사회보험 개혁의 충격: 자기 책임

의 확대와 사회안정의 미래中國社會保險改革の衝擊: 自己責任の擴大と社會安定の行方』(勁草書房, 2002)는 단순히 제도 소개에 멈추지 않고 사회의 안정이라는 시각에서 문제점을 도출하며, 전문가가 아니어도 이해하기 쉽게 기술했다. 중국어 문헌이지만 차이팡蔡昉 엮음, 『중국노동과 사회보장체제 개혁 30년 연구中國勞動與社會保障體制改革30年研究』(北京: 經濟管理出版社, 2009)는 제3장의 톈둬田多와 장지쉰張紀潯의 저작과 마찬가지로 주제별로 시계열의 변천을 묘사하면서 풍부한 현지 자료를 사용해 제도와 실태의 양 측면에서 최근의 변화를 더욱 상세하게 소개하고 있다.

연금 개혁에 관해서는 기초연금과 기업연금, 상업보험 세 가지 축을 제창한 세계은행World Bank, *Old Age Security Pension Reform in China* (Washington D.C.: World Bank, 1997)를 들지 않을 수 없다. 이 보고서는 중국에서의 부과 방식으로부터 적립 방식으로의 제도 전환을 둘러싼 논의에 크고 많은 영향을 주었다. 이에 대해 허리신何立新, 『중국의 공적연금제도 개혁: 체제 이행기의 제도적·실증적 분석中國の公的年金制度改革: 體制移行期の制度的·實證的分析』(東京大學出版會, 2008)은 상세한 가계조사 자료를 활용해 세대 간의 부담을 계산하고, 적립 방식이 안고 있는 제도 설계의 문제점과 발전의 방향성을 지적한다. 한편 돤자시段家喜, 『양로보험제도에서의 정부 행위養老保險制度中的政府行爲』(北京: 社會科學文獻出版社, 2007)는 책 이름에서 나타나는 바와 같이 연금제도의 변천을 정부의 역할을 기준으로 파악하고 있다. 또한 이 책은 세계의 대표적인 제도를 분석하고 있어 종縱의 시계열뿐만 아니라 횡橫의 각국 비교를 통해 중국의 특징을 확인할 수 있다.

연금 문제의 밑바탕에는 급속한 저출산·고령화가 자리하고 있으며, 인구구조의 변동이 제도 전체에 영향을 미치고 있다. 인구정책의 동향을 알기 위해서는 와카바야시 게이코若林敬子, 『중국의 인구와 사회적 현실 中國の人口と社會的現實』(ミネルヴァ書房, 2005)과 와카바야시 게이코若林敬子 엮음, 『중국 인구문제의 현재: 중국 인구연구자의 시각에서(中國 人口問 題のいま: 中國人口硏究者の視點から』(筒井紀美 譯, ミネルヴァ書房, 2006) 를 일독할 필요가 있을 것이다. 전자는 지구 규모의 인구문제를 국제적 자료를 바탕으로 해설하는 동시에 중국에서의 산아 제한의 실정을 생생 하게 보고한다. 후자는 중국인 연구자의 논문(일본어역)을 엮은 것으로, 인구문제를 사회구조의 변화를 통해 비춰보며, 환경 비용과 이혼 문제에 서 고령자의 개호, 사회보험까지 폭넓은 시각을 제공한다.

의료의 시장화

현재의 의료·위생정책은 급격히 변화하고 있기 때문에 무엇보다 정 리된 논의를 하는 것이 어렵다. 우선 기초가 되는 정부 통계로는 위생부 衛生部 엮음, 『중국 위생 통계 연감中國衛生統計年鑑』(北京: 中國協和醫科大學 出版社), 중국위생연감편집위원회中國衛生年鑑編集委員會 엮음, 『중국 위생 연감中國衛生年鑑』(北京: 人民衛生出版社) 등이 있다. 최근에는 웹사이트를 통한 자료 제공도 이루어진다. 문제가 심각한 것은 농촌인데, 공공기관 의 관제 보고서로는 한쥔韓俊·뤄단羅丹 외 엮음, 『중국 농촌 위생 조사中 國農村衛生調查』(上海: 上海遠東出版社, 2007) 등도 있다.

현재 정책의 초점은 의료와 위생사업에 대한 정부의 관여 정도와 이

상적 형태인데, 구신顧昕,『전 국민 의료보험을 향하여: 중국 신의료개혁의 전략과 기술走向全民醫保: 中國新醫改的戰略與技術』(北京: 中國勞動社會保障出版社, 2008), 거옌핑葛延風·궁썬貢森 외,『중국 의료개혁: 문제, 근원, 출로中國醫改: 問題·根源·出路』(北京: 中國發展出版社, 2007), 장젠핑張建平,『중국 농촌합작의료제도연구中國農村合作醫療制度研究』(北京: 中國農業出版社, 2006) 등에서 다양한 논의를 내놓는다. 또한 일본어로는 구보타 미치오窪田道夫,「중국의 기본 의료보험제도에서 보이는 재분배기능의 한계: 개혁제도가 초래한 환자 부담의 증가中國の基本醫療保險制度に見る再分配機能の限界: 改革制度がもたらす患者負擔の增加」, ≪クアドランテ≫(東京外國語大學海外事情研究所), 제10호(2008) 등이 있다. 이러한 문제는 중국만이 직면한 것이 아니며, 여러 외국의 경험을 통해 유효한 방책을 검토해야 한다. 그런 의미에서 이치노카와 야스타카市野川容孝·김태창金泰昌 엮음,『건강·의료로부터 생각하는 공공성健康·醫療から考る公共性』(公共哲學19)(東京大學出版會, 2006)이 다양한 문제의 소재를 제시하고 있다.

중국에서 의료 등의 사회사업이 문제가 되는 배경에는 개혁·개방정책의 부작용으로 나타난 경제적 격차와 고령화의 진전이 있다. 이러한 문제에 관해서는 오이즈미 게이치로大泉啓一郎,『늙어가는 아시아: 번영의 구도가 변화할 때老いてゆくアジア: 繁榮の構圖が變わるとき』(中公新書, 2007), 소노다 시게토園田茂人,『불평등국가 중국: 자기를 부정한 사회주의의 미래不平等國家 中國: 自己否定した社會主義のゆくえ』(中公新書, 2008)가 가장 적절한 입문서이다.

조화로운 사회의 사회보장

이 시기를 대상으로 한 중국의 사회보장에 관한 일본어 문헌은 정리된 단행본이 적지 않다. 앞에서 언급한 소데이 다카코袖井孝子·천리싱陳立行의 연구를 제외하면, 왕원량王文亮, 『격차대국 중국隔差大國 中國』(旬報社, 2009)이 일반인을 위한 서적인데 현황 보고나 문제 제기로서 읽을 만하다. 일본어 논문과 보고서로는 연금 개혁에 관한 사와다 유카리澤田ゆかり, 「세계화 아래에서 중국의 사회보장정책: 저출산·고령화 시대의 사회안전망グローバル化のもとでの中國の社會保障政策: 少子高齢化時代のソーシャル·セーフティネット」, 다케다 야스히로武田康裕·히로카와 도모丸川知雄·옌산핑嚴善平 엮음, 『정책 현대 아시아 연구 3政策 現代アジア研究 3』(慶應義塾大學出版會, 2008), 357~387쪽, 그리고 생활보호에 관한 주민朱珉, 「중국의 최저생활보장제도의 문제와 개선의 방향성中國における最低生活保障制度の問題と改善の方向性」, 『격차사회에 대한 시각: 빈곤과 교육기회格差社會への視座: 貧困と教育機會』, ≪社會政策學會誌≫, 제17호(法律文化社, 2007), 225~245쪽 등이 있다.

한편 중국어 문헌은 자료와 연구도 풍부하고 인터넷과 일본의 도서관에서도 입수할 수 있다. 각 연도 자료와 정책의 기본 문헌으로는 중국노동과 사회보장부中國勞動和社會保障部(현 인력자원과 사회보장부人力資源和社會保障部), 『중국 노동과 사회보장 연감中國勞動和社會保障年鑑』과 『노동 통계 연감勞動統計年鑑』을 들 수 있다. 연속간행물로는 인력자원과 사회보장부人力資源和社會保障部, ≪사회보장社會保障≫(월간)과 인민대학서보자료센터人民大學書報資料中心, ≪사회보장제도社會保障制度≫(월간)가 격동하는 현재 상황을 추적하는 데에 편리하다. 기초 통계를 빠르게 확인하려면 인력자원과 사회보장부人力資源和社會保障部·국가통계국國家統計局, 「노동과 사회보장사업 발전 통계 공보勞動和社會保障事業發展統計公報」의 각 연도판을 인력자원과 사회보장부의 홈페이지에서 내려받으면 된다. 매년 변화를 정리한 해설을 보고 싶다면 노동과 사회문제에 관한 녹서와 청서 시리즈의 전국판과 각 도시판도 좋다. 전국판으로는 차이팡蔡昉 엮음,『인구와 노동문제 보고人口與勞動問題報告』(北京: 社會科學文獻出版社, 2006), 장궁張工,『베이징시 사회발전 청서 2007: 사회공공 서비스를 시민에게 복무할 수 있도록北京市社會發展藍皮書2007: 讓社會公共服務惠及市民』(北京: 中國大百科全書出版社, 2007) 등이 대표적이다.

농촌 및 농민공에 대한 연구는 왕성한데, 사회보장에 초점을 맞춘 분석 가운데 일본어로 읽을 수 있게 정리된 전문연구서는 많지 않다. 다만 실태조사 보고서로는 일본국제협력기구日本國際協力機構, JICA, 닛세이기초연구소ニッセイ基礎研究所[株], 국제개발센터國際開發センター[財] 『중화인민공화국 농촌사회양로보험제도 정비조사 최종보고서中華人民共和國農村社會養老保險制度整備調査最終報告書』(2009)를 웹사이트에서 내려받아 볼 수 있다. 이 보고서는 현지 조사의 풍부한 데이터를 제시하면서 현행 농촌양로보험이 '사회보험'이 아니라고 명언하고 공적보험의 설계를 제언한다. 중국어 문헌 중 농촌연금에 관해서는 류수허劉書鶴·류광신劉廣新,『농촌양로보험체계의 이론과 실천農村養老保險體系的理論與實踐』(北京: 中國社會科學出版社, 2005)이 있고, 농민공의 사회보험에 관해서는 쉬젠링徐建玲,『중국농민공 취업문제: 농민공 시민화 시각에 기초하여中國農民工就業問題: 基

於農民工市民化視覺』(北京: 中國農業出版社, 2007)와 류찬장劉傳江·쉬젠링徐建玲, 『농민공 시민화 과정 연구農民工市民化進程研究』(北京: 人民出版社, 2008)가 도시에서 농민공을 도시 호적의 주민과 같은 시민으로 어떻게 수용할 것인가라는 시각에서 분석한다.

사스의 충격

사스에 관해서는 신문·잡지의 보고는 많은데, 연구는 시작 단계이므로 오히려 세계보건기구WHO 홈페이지 등이 개요를 아는 데에는 편리하다. 이러한 가운데 일본어 문헌으로는 오타니 준코大谷順子, 『국제보건정책에서 본 중국: 정책 실시의 현장에서國際保健政策からみた中國: 政策實施の現場から』(九州大學出版會, 2007)가 읽기 쉽다. 또한 토머스 에이브러햄 Thomas Abraham, *Twenty-First Century Plague: The Story of SARS* (Hong Kong: Hong Kong University Press, 2004)도 있다.

사스는 현재의 인플루엔자로 상징되는 신흥 감염증에 대한 대책의 연습문제이기도 했다. 국제관계를 고려한 분석은 활발하게 이루어지고 있으며, 모토다 유카元田結花, 「국경을 초월한 감염증 대책國境を越える感染症對策」, 엔도 겐遠藤乾 엮음, 『글로벌 가버넌스의 최전선: 과거와 현재 사이グローバル·ガバナンスの最前線: 過去と現在のあいだ』(東信堂, 2008), 사토 코佐藤考, 「사스를 둘러싼 국제관계SARSをめぐる國際關係」, 다카하라 아키오高原明生·다무라 게이코田村慶子·사토 유키히토佐藤幸人 엮음, 『현대 아시아 연구 월경現代アジア研究 越境』(慶應義塾大學出版會, 2008), 스텔라 쿠아Stella R. Quah, *Crisis Preparedness: Asia and the Global Governance of Epidemics*

(Stanford: The Walter H. Shorenstein Asia-Pacific Research Center, 2007) 등이 있다. 이러한 것은 어쨌든 정책적인, 그런 의미에서는 관리주의적인 취지가 강해지는데 이것을 각 지역의 시점에서 파악한 마쓰조노 마키오松園万龜雄·모지 가즈히코門司和彦·시라카와 치히로白川千尋,『인류학과 국제 보건의료 협력人類學と國際保健醫療協力』(明石書店, 2008) 등도 참조해야 할 것이다.

사회복지의 다원화

동아시아의 복지국가에 관한 기본 서적으로서는 오사와 마리大澤眞理엮음,『아시아 국가들의 복지전략アジア諸國の福祉戰略)』(ミネルヴァ書房, 2004)이 이해하기 쉽다. 특히 가미무라 야스히로上村泰裕가 동아시아 모델을 논한 장과 중국의 사례를 해설한 왕원량王文亮의 장이 참고가 된다. 또한 1997년의 아시아 통화위기는 아시아의 사회보장정책과 연구에 큰 영향을 끼쳤는데, 이에 관해서는 데라니시 주로寺西重郎·히토쓰바시대학 경제연구소 경제제도연구센터一橋大學經濟研究所經濟制度研究センター 엮음,『아시아의 사회안전망アジアのソーシャル・セーフティネット』(勁草書房, 2003)의 서장이 주요 논점을 잘 정리했다. 다만 국가별 분석은 동남아시아만을 대상으로 하고 있기 때문에, 중국에 관해서는 쑨샤오둥孫曉冬,『중국형 근로복지의 형성과 전개中國型ワークフェアの形成と展開』(昭和堂, 2006)를 참조할 필요가 있다. 쑨샤오둥의 연구서는 복지국가론 중 근로복지의 관점에서 도시경제하에서의 중국의 복지제도를 탐색하고 있다.

한편 사회보험에서 사회복지로의 전환과 공동체를 통한 부조를 주장

한 대표적인 예는 세계은행의 보고서인 홀츠만Robert Holzmann·힌츠Richard Hinz, *Old Age Income Support in the 21st Century: An International Perspective on Pension Systems and Reform*(Washington, D.C.: The World Bank, 2005)일 것이다. 이 책은 중국에 한정되지 않고 개발도상국 일반을 폭넓게 다루는데, 현재 중국의 개혁 방침을 아는 데에 읽어볼 가치가 있다. 더욱 구체적인 고령자 돌봄에 관해서는 선제沈潔 엮음,『중화권의 고령자 복지와 개호: 중국, 홍콩, 타이완中華圈の高齢者福祉と介護: 中國·香港·台灣』(ミネルヴァ書房, 2007) 및 우사미 고이치宇佐見耕一 엮음,『신흥 국가들의 고령자 생활보장제도新興諸國における高齢者の生活保障システム』(日本貿易振興機構·アジア經濟研究所, 2009)의 선제沈潔가 쓴 장이 입수하기 쉽다. 후자는 출판처의 홈페이지에서 PDF 파일을 내려받을 수 있다. 또한 중국 도시의 고령자 생활 실태를 분석한 아라이 요시오荒井良雄 외 엮음,『중국 도시의 생활공간: 사회구조, 젠더, 고령자中國都市の生活空間: 社會構造·ジェンダー·高齢者』(ナカニシヤ出版, 2008)와 함께 읽으면 더욱 이해가 깊어질 것이다. 사구社區를 통한 사회 서비스에 관해서는 장리화江立華·선제沈潔 외,『중국 도시 사구복리中國城市社區福利』(北京: 中國科學文獻出版社, 2008)가 이론, 정책, 사례를 포괄적으로 다루고 있으며, 교재로도 활용할 수 있다.

홍콩은 자유주의 레짐의 전형이며, 사구 서비스와 NGO의 발달이라는 점에서 중국 대륙의 연구자에게서도 주목받고 있는데, 일본어 전문서는 거의 보이지 않는다. 1997년 반환되기 전까지의 상황에 관해서는 사와다 유카리澤田ゆかり 엮음,『식민지 홍콩의 구조 변화植民地香港の構造變

化』(アジア經濟硏究所, 1997)에 사회보장의 변천을 다룬 편자의 장이 있다. 또한 반환 이후에 관해서는 앞에서 언급한 선제(沈潔, 2007)를 참고할 수 있다. 그렇지만 기본 서적이라고 부르기에는 모두 영어 혹은 중국어이다. 홍콩의 사회보장을 다룬 고전적인 저작은 존 존스John F. Jones, *The Common Welfare: Hong Kong's Social Services* (Hong Kong: Chinese University Press, 1981)이다. 이 책이 정부정책을 중심으로 다룬 것에 비해, 모타이지莫泰基, 『홍콩 빈곤 감소 정책 탐색: 사회발전의 구상香港減貧政策探索: 社會發展の構思』(香港: 三聯書店)은 홍콩의 공적연금을 둘러싼 논쟁과 생활보호를 주제로 정부에 대해 비판적으로 분석하고 있다. 또한 가장 기본적인 통계 서적으로는 홍콩 정부 통계처統計處, 『홍콩 통계 연간香港統計年刊』(香港: 香港印務局)의 각 연도판이 있다. 홍콩 정부의 사회복지에 관한 통계와 보고서는 거의 웹사이트상에 무료로 공개되어 있는데, 홍콩 정부 사회복지서社會福祉署 홈페이지나 홍콩 정보서비스국Information Service Department, Hong Kong Special Administration Region Government 사이트를 통해 접근할 것을 권한다.

지은이 후기

 이 책은 총서 '중국적 문제군中國的問題群'(한국에서는 총서 '중국연구의
쟁점'으로 소개되고 있다 ― 옮긴이 주) 중에서는 연구 업적이 많지 않은 사
회보장과 의료 서비스를 둘러싼 문제를 다루고 있다. 그런데 이는 현대
중국이 직면한 과제 중에서도 중대한 것이며, 그 해결도 쉽지 않다.

 이 책에서는 ① 20세기라는 장기적인 시간 축 속에서, ② 오늘날 사
회보장을 둘러싼 영역에서 결국 문제가 되는 정부 역할의 존재 양태, 즉
'큰 정부'인가 아니면 '작은 정부'인가라는 문제로부터, ③ 동아시아와
신흥공업국가들NIEs, 특히 홍콩 및 타이완과의 비교를 통해 문제의 구조
를 규명했다.

 중화인민공화국 60년의 역사는 크게 전반의 사회주의화 시기, 후반
의 시장경제화의 시기로 나눌 수 있다. 이 책에서 강조하는 바와 같이,
사회주의화 시기는 정부의 역할이 크게 비대해진 시기였다. 그러나 개
혁·개방정책 아래에서 인민공사의 해체와 국유기업의 개혁이 추진되자
그러한 '단위'의 붕괴가 중국 사회에 미친 영향은 크며, 그것은 사회보장
과 의료 서비스의 측면에서 더욱 뚜렷하게 나타났다.

 중국에서는 가족이나 지연 등이 대단히 중요한 역할을 한다. 그것은

중국이 격렬한 경쟁사회이기 때문이다. 그 결과 신용할 수 있는 영역은 어디까지나 가족이나 지연 등에 의해 질서가 부여된 사회일 수밖에 없다. 이러한 점은 근대적 공공성 확립에서는 문제를 내포하게 될 것이다. 그렇지만 개혁·개방정책의 과정에서 나타난 것은 그러한 사회였다.

1989년 천안문사건을 거쳐 중국은 개혁·개방정책을 가속시켰다. 한편으로 정치적 근대화는 별로 진전되지 못했다. 그리고 개혁·개방정책 자체가 가져온 문제인 사회보장제도의 후퇴나 공공성의 이완은 고령화 등을 배경으로 하면서 현대 중국이 안고 있는 아킬레스건의 하나가 되고 있다.

사회보장과 의료를 둘러싼 문제는 동시에 현대 일본이 안고 있는 문제이기도 하다. 오늘날 의료를 둘러싼 문제를 중국인, 타이완인, 그리고 일본인의 저자가 토론할 때, 현재의 중국 사회가 가장 고전적인 자본주의가 아닌가 하는 결론에 의견이 일치했던 적이 있다. 이 책에서 몇 차례 언급한 '노골적인 시장원리'가 그것이다.

그것과 비교하자면, 일본의 국민건강보험제도나 그것을 모델로 한 타이완의 의료보험제도는 어떤 의미에서 사회주의적이다. 현재(2009년 12월) 미국의 오바마 정권은 의료보험제도의 도입을 추진하고 있다. 이에 대한 반대운동에서 '사회주의적인 의료보험제도에 반대한다'는 것을 슬로건으로 하고 있기 때문에 저자들의 논의도 반드시 빗나간 것은 아니라고 할 수 있다.

'작은 정부'의 대표인 미국에서도 이러한 움직임이 있는데, 그렇다면 중국에서는 도대체 어떤 제도를 구축해야 할 것인가, 또한 그것이 가능한가? 이 문제에는 아마도 정답이 없을 것이지만, 이 책의 원고를 검토하는 가운데 저자들은 몇 가지 공통의 인식에 도달할 수 있었다.

또한 중국이 안고 있는 문제를 지적하는 것뿐 아니라, 중국에서 살아가는 사람들이 큰 변화의 파도에 휩쓸리면서도 결국 안정되고 더 나은 삶을 실현하기를 강하게 원하고 있다는 점도 확인할 수 있었다.

이 책을 통해서 독자들이 중국이 직면한 문제에 대해 깊이 이해하고, 또한 그 구조에는 실제로 일본이 직면한 과제와 공통된 점도 많다는 것을 실감하게 된다면 이보다 더 큰 기쁨은 없을 것이다.

이 책의 구성 중 머리말과 제1장, 제2장, 제5장, 제7장은 이이지마 와타루가, 그 밖의 장과 결론은 사와다 유카리가 초고를 준비하고, 그 후 토론을 거쳐 하나의 책으로 구성했다. 이러한 방법으로 공저를 낸 경험은 많지 않다. 그렇지만 용어의 정의 등을 비롯해 이러한 방법을 통해서 배운 것도 많다.

강한 인내심으로 이 책이 완성될 수 있도록 중간에서 역할을 해주신 것은 바바 기미히코馬場公彦 씨이다. 이 지면을 빌려 감사의 마음을 전하고자 한다.

2009년 12월

이이지마 와타루·사와다 유카리

옮긴이 후기

2010년 겨울에 일본 나고야를 방문하였을 때 아이치현愛知縣 현립도서관을 방문할 기회가 있었다. 그 당시 이 책을 우연히 발견하고 잠시 일독을 하였다. 이와나미쇼텐岩波書店에서 발간되고 있는 전체 12권으로 구성된 총서 시리즈 가운데 제10권인 이 책은 그 내용, 관점, 범위, 수준, 그리고 분석에서 매우 독보적인 것이었다.

우선 첫째, 이 책은 청조淸朝 말기에서 현재에 이르는 약 150년간의 중국의 사회보장과 의료와 관련된 역사 및 정책의 변천사를 근대, 현대, 당대의 통시적 관점과 동아시아 및 중국·타이완·홍콩을 상호 비교하는 시각에서 입체적으로 검토하며 그 발전 궤적을 체계적으로 다루고 있는 역작이다.

둘째, 일본에서 중국의 사회보장과 의료 관련 연구를 각각 이끌고 있는 대표적 학자인 사와다 유카리 교수와 이이지마 와타루 교수가 협력하여 '중국의 사회보장과 의료 연구'에 대해 학문적으로 총정리를 한 대표적인 서적이다. 이 책은 간결하면서도 방대한 내용을 다루고 있기 때문에 이 분야의 입문서는 물론 전문연구를 위한 유용한 '학문적 디딤돌'이 될 수 있을 것이다.

셋째, 이 책은 또한 청조, 중화민국, 중화인민공화국 등의 다양한 '중국'을 사회보장과 의료의 발전 및 정책적 시각에서 유기적으로 살펴볼 수 있게 함으로써, 평면적이며 단절적인 중국 연구에서 벗어나 탄력적이며 융합적인 관점에서 연구를 할 수 있는 새로운 지평을 제공해준다.

특히, 마지막 부분에 정리되어 있는 기본 안내서를 살펴보면 국내외에서 진행되어온 중국의 사회보장 및 의료 관련 연구의 흐름뿐만 아니라, 시기별 중국 사회보장 및 의료 연구의 주요 내용을 일목요연하게 이해할 수 있다. 따라서 후속 연구자들에게 매우 유용한 연구 지침서가 될 것이다.

넷째, 중국국민당과 중국공산당의 상호배타적인 언설체계 속에서 의도적으로 은폐되거나 과장되기 쉬운 '중국의 사회보장과 의료 관련 담론'의 불균형 구조를 제3자의 입장에 서 있는 일본 연구자의 시각을 통해서 객관적으로 살펴볼 수 있다는 점은 이 책의 핵심적인 장점들 가운데 하나이다.

마지막으로 다섯째, 이 책을 통해 아직 우리에게는 생소한 중국의 사회보장과 의료 연구 분야에 대해 일본의 관련 연구 흐름을 비교의 관점에서 살펴볼 수 있다는 측면에서, 향후 연구의 개선과 발전을 위한 타산지석의 역할을 충분히 할 수 있을 것이다.

어려운 여건 속에서도 이 책이 세상에 나올 수 있도록 물심양면으로 지원해주신 도서출판 한울의 김종수 사장님을 비롯한 모든 분에게 진심으로 감사의 말씀을 전하고 싶다.

무엇보다 이 책을 한국에 소개할 수 있게 된 직접적인 계기는 일본 나고야에 계신 다카하시 고로_{高橋五郎} 국제중국학연구센터 소장님의 따뜻한 보살핌과 한결같은 격려 덕분이었다. 이 지면을 통해 다시 한 차례 사의를 표하고 싶다.

아울러 일반 독자의 입장에서 바쁜 가운데 번역 초고의 내용을 읽고 소중한 조언을 해주었던 김동욱(서울대 정치외교학부, 서울대 한반도문제연구회 회장), 이현석(서울대 사회교육과), 표슬비(서울대 법학전문대학원 석사과정) 세 후배들에게도 고마움을 전한다.

2014년 3월

서울대 사회과학도서관에서

이용빈

지은이 소개

이이지마 와타루 飯島涉

1960년에 태어났으며, 의료사·동양사를 전공하고, 현재 아오야마가쿠인대학(青山學院大學) 교수로 재직 중이다. 저서로는『페스트와 근대중국: 위생의 '제도화'와 사회변용』,『말라리아와 제국: 식민지 의학과 동아시아의 광역질서』,『감염증의 중국사: 공중위생과 동아시아』,『시리즈 20세기 중국사(1~4)』(공편저) 등이 있다.

사와다 유카리 澤田ゆかり

1961년에 태어났으며, 국제관계론과 중국지역연구를 전공하고, 현재 도쿄외국어대학 교수로 재직 중이다. 저서로『식민지 홍콩의 구조변화』(편저),『현대 중국의 사회변용과 국제관계』(공저),『신흥공업국가에서의 고용과 사회보장』(공저) 등이 있다.

옮긴이 소개

이용빈

중국 베이징대 국제정치학과 대학원에서 수학하고, 서울대 외교학과 대학원을 수료했다. 서울대 국제문제연구소 간사, 삼성경제연구소 공공정책실 연구분석원, 국회 정무위원회 수습연구원, 한국의회발전연구회 연구원, 인도 방위문제연구소(IDSA) 객원연구원을 지냈고, 이스라엘 국회(크네세트), 인도 자와할랄네루대, 일본 게이오대의 초청으로 방문했다. 현재 홍콩국제문제연구소 연구원, 한림대만연구소(HITS) 및 현대중국연구소 객원연구원으로 활동 중이다.

옮긴 책으로『시진핑』(2011),『중국의 당과 국가』(2012),『중국외교 150년사』(2012),『현대 중국정치』(제3판, 2013),『중국법의 역사와 현재』(2013) 외 다수가 있으며, 주요 연구로 "Chasing the Rising Red Crescent: Sino-Shi'a Relations in the Post-Cold War Era," in Anchi Hoh and Brannon Wheeler, eds., *East by Mid-East: Studies in Cultural, Historical and Strategic Connectivities*(Sheffield, UK: Equinox Publishing, 2013) 등이 있다.

한울아카데미 1677
총서 중국연구의 쟁점 6

중국의 사회보장과 의료: 변화하는 사회와 증가하는 리스크

지은이 | 이이지마 와타루 · 사와다 유카리
옮긴이 | 이용빈
펴낸이 | 김종수
펴낸곳 | 도서출판 한울
편집 | 최규선

초판 1쇄 인쇄 | 2014년 4월 10일
초판 1쇄 발행 | 2014년 4월 28일

주소 | 413-756 경기도 파주시 파주출판도시 광인사길 153 한울시소빌딩 3층
전화 | 031-955-0655
팩스 | 031-955-0656
홈페이지 | www.hanulbooks.co.kr
등록번호 | 제406-2003-000051호

Printed in Korea.
ISBN 978-89-460-5677-0 93330

* 책값은 겉표지에 표시되어 있습니다.